本书得到德州学院学术著作出版基金的资助

我国图书馆学文化体系构建和文化精神发展研究

马占民　董菲菲◎著

中国经济出版社
CHINA ECONOMIC PUBLISHING HOUSE
·北京·

图书在版编目（CIP）数据

我国图书馆学文化体系构建和文化精神发展研究 / 马占民，董菲菲著 . -- 北京：中国经济出版社，2023.9

ISBN 978-7-5136-7446-1

Ⅰ. ①我… Ⅱ. ①马… ②董… Ⅲ. ①图书馆文化-研究-中国 Ⅳ. ① G250.15

中国国家版本馆 CIP 数据核字（2023）第 172302 号

责任编辑 孙晓霞 姜 莉
责任印制 马小宾

出版发行 中国经济出版社
印 刷 者 北京艾普海德印刷有限公司
经 销 者 各地新华书店
开 本 710mm × 1000mm 1/16
印 张 13.25
字 数 210 千字
版 次 2023 年 9 月第 1 版
印 次 2023 年 9 月第 1 次
定 价 78.00 元

中国经济出版社 **网址** www.economyph.com **社址** 北京市东城区安定门外大街 58 号 **邮编** 100011
本版图书如存在印装质量问题，请与本社发行中心联系调换（联系电话：010-57512564）

CONTENTS

目 录

导论

我国图书馆的发展经过了古代藏书楼时代和近代图书馆时代，进入现代图书馆时代，目前正处于现代化发展的转型时期。针对当前各种社会思潮对我国图书馆学主流意识的冲击而引发的社会问题，以及我国图书馆学本质与价值观结合研究的实际状况，本书拟在社会主义核心价值观的基础上，从建设性和发展的视点出发，对我国图书馆学文化体系和文化精神重新进行诠释与评论。研究表明，作为当前我国社会文化事业重要组成部分的图书馆，在概念话语、表现形态、思想观念等方面均具有明显的现代化特征。在高举文化与教育大旗引领社会风尚、践行服务宗旨的图书馆学术与实践领域，危机意识与创新运动并存，这有助于巩固社会主义先进文化思想在我国图书馆学意识形态中的指导地位，增强我国图书馆学理论创新和行为创新的感召效果，坚定历史发展的信念，促进人与社会的和谐发展。

一、主要研究内容

（一）我国图书馆学文化建设与文化制度建设研究

1.我国图书馆学文化建设

我国图书馆学文化具有凝聚性、导向性和辐射性特征，它可以提升我国图书馆学的竞争力，增强发展动力，推动我国图书馆学可持续发展；强化和提高我国图书馆学文化的区域性服务与效益。一是为区域社会决策和发展提供信息参考，二是为区域社会经济发展注入活力，三是为区域企业提供具有特色的资源和技术支持。

2.我国图书馆学文化制度建设

发挥我国图书馆环境、资源、创新优势，构建图书馆立德树人的育人新体系，不断提高国民的文化素质和道德品质。以我国图书馆学制度服务科学研究为例，一是建立我国图书馆学科馆员制度，二是建立我国图书馆学虚拟咨询服务制度，三是优化我国图书馆学服务于科学研究的制度管理模式。

（二）我国图书馆学文化共享机制构建研究

进行我国图书馆学现代个体与现代共同体关系的重构，以中国特色社会主义制度为基础，构建个体与共同体和谐共生的关系，引领世界文化秩序重塑，发出中国声音，彰显中国智慧；进行我国图书馆学文化共享机制的建构，强调多元主体共同形成公共文化利益的责任，构建以政府文化职能部门为主导，企业、民间组织、社区共同参与、协调互补的文化治理机制。

（三）我国图书馆学的社会主义核心价值观研究

1.社会主义核心价值观推动我国图书馆学发展的历史思维和历史进步

弘扬中国精神，进一步深化我国图书馆学核心价值观本质属性的认识，更加深刻地理解我国图书馆学核心价值观和核心价值观体系之间的关系。从社会主义核心价值观和社会主义核心价值观体系之间的关系把握我国图书馆学核心价值观的本质属性，依据社会主义核心价值观在社会主义核心价值观体系中的地位、作用来指导我国图书馆学核心价值观建设。

2.建设和发展我国图书馆学核心价值观

我国图书馆学思想凝聚力的灵魂和社会主义核心价值观的精神源泉是爱国主义精神；我国图书馆学实现社会主义核心价值观愿景的物质认同支撑是国强民富；我国图书馆学倡导社会主义核心价值观的文化传承积淀和人文精神铸牢是和谐共生；我国图书馆学弘扬社会主义核心价值观的政治文化供给与共同体意识的政法建设是社会主义民主法治。

3.以社会主义核心价值观为引领，强化我国图书馆学文化精神上的自信和自强

我国图书馆学核心价值观必须是国家制度精神取向的体现；必须具有理念性、目标性的价值，而不是工具性、手段性的价值；必须具有普遍基础性，是持久性的价值取向，而不是次生的、短暂的；必须具有广阔的包容性，而不是单维性的；必须是代表历史前进方向并具有国际化意识的理念。

（四）我国图书馆学文化治理体系和治理能力现代化建设研究

实施综合创新与系统治理，畅通我国图书馆学文化治理路径。一是以社会主义核心价值观为基础，树立我国图书馆学文化治理的整体化观念，不断提高文化治理的软实力；二是以创新文化运行机制为突破口，树立我国图书馆学文化治理的国家主导观念，全面提升政府文化治理监管与调控能力；三是以满足社会民众文化精神需求为宗旨，树立我国图书馆学文化产品全民共享理念，不断提高社会公共文化服务水平。

（五）数字技术赋能我国图书馆学文化治理发展研究

1.以数字技术为动力推进我国图书馆治理理念转型

数字技术的实现促进我国图书馆治理发生了3个转变：由“管理思维”向“服务思维”的转变，由“边界维持”向“跨界效应”的转变，由“垄断治理”向“开放治理”的转变。

2.数字技术支持图书馆治理的接续发展

一是以技术驱动促进我国图书馆的精准治理，二是以技术嵌入促进我国图书馆数字化技术的革新，三是以技术赋能提供我国图书馆治理能力提升的保障。

二、主要观点

（一）以社会主义核心价值观引领我国图书馆学文化建设

我国图书馆学文化是以社会主义文化背景为基础，以社会主义先进文化为主导，以国家文化精神为底蕴，在信息传递和读者服务过程中形成的一种高雅的人

文精神。我国图书馆学文化建设的核心价值观体现在“以人为本”的服务与管理理念上，充分体现在优质的、个性化的读者服务上，其文化建设的核心主体是社会民众。我国图书馆是社会文化建设与传播的重要场所，我国图书馆学文化在社会主义市场经济条件下表现出了多种特征，如多载体化、方向性和社会化。面对如此复杂多变的文化环境，我国图书馆学文化建设以社会主义核心价值观为引领，随着现代社会经济发展而表现出不同的特征并营造出具有特色风格的精神氛围。

（二）以满足社会民众文化精神需求为宗旨，树立我国图书馆学文化产品全民共享理念，不断提高社会公共文化服务水平

我国图书馆学的文化建设要坚持以人民为中心的发展思想，通过强化文化建设促进人民群众道德观念的提高。以文化服务激发社会民众的参与热情，增强我国图书馆学公共文化服务效能。

（三）我国图书馆学跨意识形态传播的必然路向是文化融通

顺利地、务实地实施我国图书馆学跨意识形态的传播，必然的发展途径就是建立国家之间利益互惠、合作共赢的纽带，积极倡导全球利益获取的合理性、规范性、公平性。文化融通充分表现了我国图书馆学主张国与国之间和谐共生的关系，要求社会文化要素之间协调、融合发展，这也是我国图书馆学在实施跨意识形态传播中所遵循的基本道德原则和所拥有的基本外交要素。

（四）实施价值重塑，以数字技术为动力推进图书馆治理理念转型

数字技术嵌入图书馆运作，有极大可能与传统业务管理方式形成尽量缩小期望与现实之间差距的力量，这也对图书馆实施数字化思维提出了新要求。数字技术与图书馆管理业务形态的融合，带动了传统管理技术的换代升级，引发了新的运行方式、数字产品和技术方式，并以开展优质的信息服务推动新技术产业的发展。当今的数字技术所产生的革新力量对我国图书馆的治理理念形成了冲击，数字技术嵌入图书馆业务管理系统本身就是治理理念转变的过程，也以此实现了我国图书馆文化治理理念的转变。

三、研究方法

（一）历史与逻辑的统一

本书以对我国图书馆学形态概念和理论考察为逻辑起点，在对哲学的意识概念和理论进行梳理的基础上总结我国图书馆意识形态领域所面对的各种危机与挑战，探索构建和巩固我国社会主义社会意识形态领导地位的可行性机制。

（二）理论与实践的统一

本书在研究中努力将宏观考察、形而上的理性思辨与微观的透析、形而下的对策研究相结合，探索我国图书馆学建设的理论支持，探寻中国特色社会主义主流意识形态的现实途径，从而实现理论研究和对策分析的贯通。

（三）多学科综合研究法

本书采用了多学科综合研究方法，涉及并运用了马克思主义理论、哲学、政治学、社会学、传播学、经济学、心理学等学科的研究方法。

四、学术价值

挖掘我国图书馆学的学科特征和精神内涵。我国图书馆学发挥特征优势，促进社会文化的发展，这是我国图书馆学理论构建的主要任务。

弘扬社会主义核心价值观，在我国图书馆学哲学理念和精神取向上创新发展，取得新突破。构建我国图书馆学文化治理体系，本身在于进一步完善现代图书馆学理论，促进现代图书馆学的全面发展。

五、学术创新

（一）以社会主义核心价值观为指导，促进我国图书馆学文化治理理论的创新

以社会主义核心价值观为基础，树立我国图书馆学文化治理的整体化观念，

不断提高文化治理的软实力。以创新文化运行机制为突破口，树立我国图书馆学文化治理的国家主导观念，全面提升政府文化治理监管与调控能力。以满足民众文化精神需求为宗旨，树立我国图书馆学文化产品全民共享理念，不断提高社会公共文化服务水平。

（二）我国图书馆学马克思主义中国化跨意识形态传播的理论创新

我国图书馆学马克思主义中国化跨意识形态传播的理论策略应实现3个辩证统一：实现利益驱动和文化传播双向互动的辩证统一；实现理论学术性与实践应用性高度融合的辩证统一；实现产业集约化与社会公益化双向受益的辩证统一。

（三）实施价值观重塑，以数字技术为动力推进图书馆治理理念转型创新

数字技术赋能图书馆，实现我国图书馆学治理3个方面的转变：由“管理思维”向“服务思维”的转变、由“边界思维”向“跨界思维”转变、由“垄断思维”向“开放思维”转变。

第一章 我国图书馆学文化建设和文化服务

第一节 我国图书馆学文化精神与价值

一、我国图书馆学文化建设概述

从图书馆概念的含义来看，我国图书馆学文化是在知识化、网络化的社会环境影响下，被全体馆员一致接受和普遍遵循的价值观念，能够集中体现整个图书馆环境的精神面貌和独特风格。我国图书馆学文化体现了全体馆员的信念追求，即馆员想什么、理解什么、向往什么。根据图书馆功能，我国图书馆学文化建设显示了凝聚性、导向性和辐射性特征，它可以提升我国图书馆学的竞争力，增强发展动力，推动我国图书馆学可持续发展。我国图书馆学的文化建设主要包括制度文化、环境文化、网络文化和精神文化建设，可以通过人文技术手段，提升我国图书馆学的文化精神氛围和文化建设服务水平。

随着知识经济的全球化发展，我国图书馆学文化建设进入了新时代发展的快车道。对我国图书馆学文化建设进行分析研究时，可以把长期形成的文化精神理念运用于图书馆工作的方方面面。我国图书馆学文化包含图书馆文化管理和图书馆文化建设两个方面的内容，其精神内涵为培养高尚的图书馆精神，塑造良好的馆员形象，重视馆员的健康成长和职业操守。高尚的图书馆学文化，能够营造和谐、向上的工作氛围，激发蓬勃的创新动力，对图书馆的发展起到重要的推动作用。

二、我国图书馆学文化建设内容

（一）图书馆管理文化建设

全面实施图书馆管理模式的构建。以菲德勒领导权变理论为基础，形成图书馆领导风格，由实干导向型向关系导向型转变，不断增强对图书馆工作的掌控力与影响力。在高掌控环境下，馆领导与馆员之间的工作关系良好，图书馆工作团体的工作具有结构化的特点，工作职责清晰明确。相反，在低掌控环境下，上下级关系不佳，工作关系和工作职责不明确。而实干型馆领导在两种极端的掌控环境中都有最佳表现。为此，对我国图书馆学管理模式的建构，馆领导要明确自身所领导的图书馆工作团队情况，选择合适的领导管理风格。

（二）图书馆组织文化建设

打造高效的图书馆工作团队，凝聚团队力量，协同团队精神，这是图书馆组织文化建设的主要内容。必须依据我国图书馆学文化建设的特点来确定组织文化建设的模式。

（三）图书馆物质文化建设

彰显图书馆建筑的韵味特色，加强图书馆设施设备的现代化建设，形成图书馆独有的物质文化表征。

（四）图书馆环境文化建设

实施图书馆的文化装修、库室内色调搭配、艺术设计等环境的氛围营造。环境美化要充分考虑到读者的感知、感受。温馨、舒适的环境是提升服务品质、愉悦读者阅读心情的重要因素。

（五）图书馆服务文化建设

积极主动为读者提供多样化的信息服务。不断提高服务质量、提升服务水平，对于图书馆服务来说是十分重要的。组织丰富多彩的、有特色的服务，同时对馆员进行提高服务质量专题培训，以此提升服务意识，这些都是图书馆服务文化建设的主要内容。

（六）图书馆网络文化建设

充分运用网络信息文化，利用网络、微博和微信，为读者提供文献资源服务。良好的网络文化促进图书馆服务更加丰富多彩、与时俱进。

（七）图书馆制度文化建设

标准化和规范化是图书馆服务工作的指针。分析研究、科学制定图书馆事业发展规划和一系列规章制度，以此促进图书馆服务工作的规范化，使图书馆服务工作有据可依、有章可循，这显示了图书馆文化建设的主要内容。

（八）图书馆精神文化建设

图书馆文化建设的精髓在于弘扬高尚的道德精神，倡导团结、奉献、友爱、担当，以此提升服务水平、提高服务质量、展现精神风貌，这些都是图书馆精神文化建设的主要内容。

三、我国图书馆学文化建设策略

进入新时代，我国文化软实力越来越厚重，我国图书馆学以社会主义意识形态发展为基础，大力组织开展图书馆文化建设，提升社会文化整体实力。图书馆文化是学校教育工作者和图书馆员的行为标尺，是校园文化精神和高校文化育人的具体体现。新时代新发展，我国建设图书馆文化，形成人馆合一的文化共同体，切实发挥我国图书馆学文化育人的引导作用、服务功能和教育优势，以文化建设为契机充分满足读者的信息需求、激发人民群众学习科学文化知识的积极性和创造性。

（一）加强物质文化建设，丰富我国图书馆设施设备资源

我国图书馆学文化建设的基础是物质文化，物质文化推动着我国图书馆其他文化建设发展。物质文化建设包括基础设施建设、数字化设备建设、馆藏文献建设，这三类建设的规模和广度对于建设图书馆物质文化具有重要意义。

文化育人离不开文献资源。对于广大师生来说，他们在学校的各项工作和活动与书刊息息相关。图书馆是图书汇集的基地，是广大师生求知的重要场所，因此，在图书馆内创造自然清新、优雅和谐的学习环境是建设图书馆物质文化的前提。图书馆可利用绿植、文化装饰、艺术书架等设施将自身装点成生机盎然的人文景观。关注文化育人的主题设定，了解人与图书之间的密切关系，根据美学原理，打造整洁的馆容，推进和谐得体的馆舍空间布局。这样一来，高校图书馆不仅能够为在校大学生营造一个温馨和谐的学习环境，而且能够充分调动大学生的学习积极性，吸引更多的读者来馆阅读学习，从本质上达到提高广大读者思想文化修养的目的。与此同时，图书馆所收藏的丰富的文献资料是图书馆物质文化丰富的必然条件。图书馆还应持续加强文献资料自动化、网络化建设，不断提升网上检索和获取数字资源的能力，为读者提供更为快捷方便的服务。

（二）加强制度文化建设，倡导我国图书馆新风尚

制度文化建设是我国图书馆学文化建设的必要保障。制度文化规范着物质文化和精神文化的健康发展，有利于凝聚文明高雅、和谐共荣的图书馆新风尚，促进形成端正、严肃的馆风馆纪。法律法规、道德准则、管理规则都是图书馆制度文化的内涵所在。[1]任何人都应该尊重我国图书馆的制度文化，进入图书馆后应遵守各项规章制度。只有这样，才能充分表现出新时期我国图书馆学制度文化的规范性和公平性。

除基础管理制度之外，安全防火防震制度、卫生管理制度、馆员工作职责、

---

[1] 吴齐.高校图书馆文化力探析［J］.沈阳建筑大学学报（社会科学版），2011（3）：366-369.

服务系统管理办法等都是新时期我国图书馆学制度文化建设的重点。在新的发展时期，要充分加强我国图书馆学的制度文化建设，实现制度文化和制度管理的全覆盖，使馆员与读者有章可循、有法可依。在进行制度文化建设的过程中，要牢牢把握制度的意识形态，不断明晰文化要求的政治性，树立馆员坚定的制度意识，提高我国图书馆运行的安全性。另外，建立严谨的考核制度也是图书馆制度文化建设的重要环节，对于优秀的馆员应给予物质奖励和假期奖励，对于不认真工作的馆员应给予一定程度的惩戒。建立考核制度，既能充分调动馆员的主动性，又能促进我国图书馆学制度文化建设。

（三）加强精神文化建设，彰显我国图书馆学文化价值

多年来，我国高度重视文化软实力建设。新时期新发展，我国图书馆学文化精神建设已经成为国家文化软实力建设的重要组成部分。精神文化建设是我国图书馆学文化建设的核心内容，在推动我国图书馆学物质文化和制度文化建设上发挥着重要作用。我国图书馆学精神文化建设是渐进与超越、继承与发展的统一，精神文化助推馆员和读者树立文化自觉和文化自信意识。我国图书馆学精神文化建设的外延非常广阔，包括道德观念、价值理念、行为指南、文明规范等，这些建设内容既需要馆员和读者的共同认可，也需要他们共同参与到建设中。

为了进一步加强我国图书馆学的精神文化建设，充分显现图书馆文化价值，需从以下几个方面进行建设。一是要充分体现新时期我国图书馆学的服务性。以人为本是服务工作的基本遵循，我国图书馆学的精神文化建设要体现出充分尊重读者的情感，坚持服务至上，将图书馆服务育人的根本职能充分地展现出来。我国图书馆学是传承社会文化、强化文化意识、展示社会文明的重要文化平台，因此，遵循读者的主体意识是我国图书馆学精神文化体现服务性的一项必须遵守的准则。二是我国图书馆学应重视和加强工作岗位业务培训，切实提升广大馆员的精神文化素养，培养馆员的团队合作意识，增进馆员与读者之间的情感交流，从而为图书馆精神文化建设发展打下坚实基础。三是我国图书馆学要定期组织讲座或报告，开展阅读礼仪培训和职业道德宣讲活动，邀请社会著名学者来馆进行学术研讨。

四、我国图书馆学文化建设价值观引领

我国图书馆学文化建设要以社会主义先进文化为引领，以社会主义文化精神为底蕴，在信息传递和读者服务过程中形成一种高雅的人文精神。人文精神包括价值准则、规章制度、服务意识、馆舍环境等，是我国图书馆学建设物质文化、倡导精神文化的综合性产物。

（一）社会主义核心价值观融入我国图书馆学文化建设的意义和要求

我国图书馆是社会服务育人的重要基地，是进行社会民众思想品德教育的保障体系。图书馆具有良好的人文气息氛围，是社会民众学习科学文化知识、提高文化阅历水平的最佳场所。我国图书馆通过美化、物化馆舍空间环境，完善读者服务程序，营造静谧祥和的学习氛围和舒适安逸的学习环境，达到了环境育人的理想效果。同时，图书馆文化所营造的励志氛围伴有独具特色的人文精神气息，也促进了我国图书馆空间存在价值的提升。加强文献资源建设，为读者提供丰富的精神食粮。不断拓展读者知识面，内含的高智慧的知识信息改善读者的认知结构，陶冶读者情操，因而图书馆成为良好的文化载体平台，广泛会集具有共同文化兴趣爱好的群体，促使广大读者领悟到蕴藏在图书馆之中的文化意蕴，对培养新时代爱国主义精神、担当奉献精神起到了重要的推动作用。

我国图书馆凭借自身特有的服务功能作用于社会文化，是社会文化建设的舞台。我国图书馆学不仅时刻发挥着大学文化教育保障的基本功能，而且作为校园文化的组成部分，正在深刻影响着大学生的人生观、世界观和价值观。我国图书馆学文化建设的精髓是社会主义核心价值观，这是指引图书馆学文化发展的旗帜。党的十八大提出了社会主义核心价值观，在全社会倡导社会主义核心价值观精神。党的十九大进一步深化了社会主义核心价值观的科学内涵，进一步培育和践行社会主义核心价值观，把实现中华民族伟大复兴作为培养新时代中国特色社会主义接班人的立足点，强化教育风范、实践经验、制度保障，发挥社会主义核心价值观对社会主义文化建设的引领作用。新时代新发展，也赋予了我国图书馆学新的发展使命，因此，将社会主义核心价值观融入我国图书馆学文化建设之

中，具有重要的时代意义。新时代，以社会主义核心价值观为引领，我国图书馆学文化建设科学发展是一个长期坚持的过程，也是一项有益于我国图书馆发展的事业。需要我国图书馆全体工作人员的不懈努力和相关政策的精确指导。融入社会主义核心价值观，涉及我国图书馆学文化建设的方方面面，主要涉及物质文化、精神文化和制度文化建设。在这个过程中，我国图书馆要以社会主义核心价值观为引领，形成促进文化建设发展的强大推动力。要切实协调好社会各方面的关系，通过多种渠道，运用多种资源，推动我国图书馆学可持续发展。

（二）社会主义核心价值观融入我国图书馆学文化建设的实践途径

1.提高我国图书馆学文化建设的凝聚力和竞争力

我国图书馆学文化建设是社会主义精神文明建设内容的重要组成部分。以社会主义精神文明建设为发展的不竭动力，我国图书馆学致力于实现伟大的中国梦，弘扬中国精神，和谐稳定的社会建设需要构建社会主义核心价值观体系。在社会主义核心价值观体系中，马克思主义指导思想是构建体系的灵魂，它引导社会主义核心价值观的方向，中国特色社会主义思想是社会主义核心价值观的主题。我国图书馆学应以社会主义核心价值观为指导，树立文化育人的理念，抓住思政教育的灵魂，转变观念，创新发展，形成我国图书馆学文化精神的强大凝聚力和向心力，培养广大馆员的职业道德和敬业精神，以我国图书馆学本身所具有的特殊功能和职责参与和服务社会文化，在图书馆文化和社会文化互动的过程中实现为育才育人服务的目的。[1]另外，我国图书馆学文化呈现出教育性、时代性和娱乐性的特征，其文化活动能够在很多方面协助完成对人民群众的实践教育和观念熏陶，促使人民群众更加容易接受爱国主义、思想品德教育。因此，我国图书馆学文化建设应以习近平新时代中国特色社会主义思想为指导，积极开展各种意义深远的文化活动，充分利用我国图书馆特有的空间优势设立文化主题专区，例如设立影视专区，通过以抗日战争、解放战争、社会主义建设为题材的影视播放，培养读者的爱国主义精神和民族精神；设立文化历史资料专区，通过快捷方

---

[1] 张行.图书馆文化建设初探［J］.科技资讯，2013（28）：251-253.

便的服务，发挥图书馆的协助教育和引导作用，激发民众阅读热情，启迪民智，强化民众的社会责任感、历史使命感；设立文化精神主题讲座专区，邀请有关专家、学者进行先进文化教育，提高广大师生的民族自豪感和文化自信心，树立远大理想，激发学生为中华之崛起而努力读书。

2. 我国图书馆学物质文化建设

我国图书馆学物质文化建设是社会物质文化实体的具体表现，是社会文化的物质载体。在我国图书馆学文化建设中，物质文化建设展现了强大的文化育人功能。图书馆是一个行政区域的标志性建筑，是社会文化发展的见证，是开展和展现社会文化的重要载体。体现文化精神的馆舍建筑、多功能的阅览室结构、精心制作的留言纪念墙等都具有深厚的文化底蕴，是我国图书馆展示文化蕴意的一道亮丽的风景线。因此，我国图书馆学在文化建设中要高度重视物质文化建设，致力于将社会主义核心价值观融入物质文化建设中，倡导社会主义核心价值观，弘扬社会主义先进文化，传承经典文化。在我国图书馆学物质文化建设中，文化风景线是社会主义核心价值观融入我国图书馆学物质文化的主要落脚点，要全面融入社会主义核心价值观元素，结合社会主义特色和时代精神，突出图书馆立德树人的文化功能。[1]另外，我国图书馆要充分利用图书馆附近和内部的宣传设施，建立文化宣传栏、文化长廊，结合社会日常生活和参加的其他活动，将社会主义核心价值观的思想内涵以生动、形象的方式展现出来，并利用活动时间，安排专职文化馆员带领群众共同解读社会主义核心价值观的形成过程和重要意义，强化社会理想信念和责任担当，引导国民树立正确的价值观，培养奋斗精神，通过社会主义核心价值观的引领激励国民积极上进，奋力拼搏，成为新时代有作为的中坚力量。

3. 构建我国图书馆学文化评价体系

我国图书馆学文化评价体系是建立在文化进步和文化发展基础之上的，是我国图书馆学按照文化精神的指向制定的一系列体系发展指标。文化评价体系建立得科学合理，不仅能够明确我国图书馆学的文化发展方向，还能不断完善我国图

---

[1] 田野. 知识咨询环境下图书馆员素质提升［J］. 河北科技图苑，2015（2）：18-21.

书馆学的文化内容，促进我国图书馆学的文化建设更好发展。要从价值理念、读者服务、行政管理、团队合作、责任担当、理论学习等方面分析谋划，科学建立我国图书馆学文化评价体系。[1]建立图书馆学文化评价体系，能促使馆员提高工作效率，提升服务水平，谋划和完成图书馆的战略目标任务，推动图书馆事业向前发展。由此，我国图书馆学要不断加强物质文化和精神文化建设，为社会民众营造良好的阅读环境，提供优质的信息服务，不断提升图书馆综合竞争力。要不断激发馆员的服务热情，增强馆员的服务意识，提升馆员的服务水平，不断满足读者对信息的需求，切实提升读者的满意度。

第二节　我国图书馆学制度文化建设

一、我国图书馆学文化馆员制度

我国《普通高等学校图书馆规程》明确规定了“高等学校图书馆是学校的文献信息资源中心，是为人才培养和科学研究服务的学术性机构，是学校信息化建设的重要组成部分，是校园文化和社会文化建设的重要基地”。《普通高等学校图书馆规程》定位图书馆是校园文化和社会文化建设的重要基地，并赋予其承担高校文化建设的重要职能。这个定位说明高校图书馆承担着人才培养、科学研究、社会服务、文化传承的使命，要积极参与人才培养和社会文化建设，促使其成为社会主义文化建设的主阵地。目前，各类各级图书馆广泛开展文化活动，积极进行文化教育，但在如何推进文化制度建设上还需进一步加强和落实。实现我国图书馆学文化主阵地建设，应全面实施制度文化创新。为此，建立和完善文化馆员制度，履行文化管理职能，发挥馆员在文化精神传承和文化理论创新中的作用，应是践行社会主义核心价值观，增强社会文化价值功能的重要表现。

[1] 徐双，刘勇.当前图书馆文化建设的问题、原则及对策［J］.图书馆建设，2010（2）：18-20.

（一）我国图书馆学文化馆员的作用

我国图书馆设立“文化馆员”这一职能，有两个方面的含义：一是文化馆员是图书馆履行工作职能的一种岗位，其岗位工作任务是传承和创新社会文化建设工作，为社会文化形成与建设提供必要的服务；二是文化馆员是肩负社会文化建设和图书馆文化传承创新责任的专业化馆员，必须具备较为深厚的文化知识底蕴和较高的文化素养，通过推介、组织、开展文化活动引导人民群众关注、参与社会文化建设，以文化人、以文育人，努力创造条件促进国民道德品质和文化素养的提高。在我国图书馆设立文化馆员、实施文化馆员制度具有特别重要的作用。

1.文化工作的策划作用

在社会主义建设中，我国图书馆围绕立德树人的根本任务，开展先进文化活动，推进社会主义新文化建设。我国图书馆组织开展文化活动，需要不断满足人民群众的文化需求，以群众参与度、民众满意度为标准，重视中华优秀传统文化、红色文化、新时代中国文化精神的传承与发展，准确把握文化发展方向，增强文化自觉，坚定文化自信。实现社会育人任务，发挥社会育人功能，需要组织社会各方力量，积极开展文化活动，进行文化工作的研究、策划、部署。我国图书馆培养与指定的文化馆员，是社会文化建设的专职人员，其工作之一就是进行文化策划，既要筹划文化建设布局，又要组织开展文化活动。只有做好文化建设工作，我国图书馆学的文化建设才能有条不紊、富有成效地推进。没有好的文化工作策划，我国图书馆学文化建设和文化活动可能会各行其是。文化馆员所从事的文化建设工作，就是通过谋划与规划，将我国图书馆学的文化建设工作纳入社会文化建设体系中，使我国图书馆学的文化建设策略和规划成为社会文化精神提升的重要内容。文化馆员策划和规划的文化工程、文化活动不仅要内容丰富、针对性强，还要承接有序，构成一个有机整体，切实达到协同育人的目的。

2.组织策划的协调作用

图书馆是文化馆员进行文化建设和文化宣传的主阵地。我们必须立足于馆情实际，针对图书馆文化精神要素，组织策划不同内容的文化项目，筹划建设不同景观的文化工程，全面构建具有美育意义的图书馆文化。文化馆员要以我国图书馆丰富多彩、内涵深厚的文献资源为载体，针对社会民众不同的文化精神需求，组织不同主题的文化活动。文化馆员要深入社区，联系文化管理机构，进行深入细致的调查研究，协调文化单位开展文化活动，如文化主题阅读活动、名家著作赏析沙龙活动等。文化活动的组织、举行，让国民在文化活动中获得新知、增长才干、启迪心灵，实现我国图书馆学文化以文化人、以文育人的目的。

目前，我国图书馆文化馆员策划组织的各类文化活动，具有其专门的文化意义和重要的教育功能。全民阅读推广是我国图书馆学文化建设的一项重要内容，文化馆员承担着组织“文化形式新颖、文化内容丰富”的全民阅读推广活动的任务。在价值贡献上，文化馆员的文化建设工作更加注重社会民众的文化体验和文化创造。

3.文化理念的引导作用

社会民众是我国图书馆学文化建设的主体，其认可度和参与度直接决定着社会文化活动的规模、频次和效果，甚至能够影响到社会文化形象的塑造。当前，人民群众文化活动存在着一个普遍的现象：社会民众对社区社团组织的活动参与度高，而对行政管理部门组织的文化活动参与度低，为此往往需要行政管理手段来提高民众的参与度。社区社团组织的活动因缺乏系统策划和管理往往质量不是很高，与国家设置的学科专业关系不大，存在消遣性、娱乐性的特征表现，教育与文化的意义偏少，还有一些文化活动倾向于理论研究和学术宣讲，缺少文化韵味的吸引力，与理论学术研究的区别不明显，降低了文化活动本身的魅力。社会文化活动如科技文化节、歌咏比赛、体育比赛等，因为创意不明显，氛围不活跃，吸引力低，参与人员少，出现了只有开幕式、闭幕式热闹，活动过程冷清的怪现象。

紧跟现代社会文化发展形势，破解我国图书馆学文化建设困局，我们必须做到：一是科学进行我国图书馆学文化建设的顶层设计，进一步完善文化发展目标。顶层设计是进行文化建设的出发点，也是高标准、高要求。进行文化建设的顶层设计是我国图书馆服务社会经济发展的需要，顶层设计必须立足当前，着眼未来。顶层设计对我国图书馆学文化建设的任务、目标进行科学规划，充分显示了文化育人的功能。实施好顶层设计，可以实现社会文化建设“一盘棋”的效果，能够增强文化活动实效性，提高社会民众的参与度，杜绝思想性差、启发性低的文化活动的出现，融通社会各部门、各单位，防止不同类型文化活动的相互消解。二是做好我国图书馆学文化价值观的正确引导工作。正确引导文化价值观，为社会民众的文化阅读和文化教育服务，是我国图书馆实施文化建设、落实顶层设计及组织开展文化活动的基本内容。文化馆员履行工作职责，其中一项重要工作就是加大对社会文化部门、民间文化组织的引导、协调力度，组织社会团体、社会民众参与图书馆的文化活动并发挥文化宣传推广的作用，既要对我国图书馆开展什么主题内容的活动进行引导，也要对社会民众的文化活动参与、文化知识阅读予以引导，提高文化活动吸引力，增强学习文化知识的认知感，培养具有文化担当精神的新时代建设者。

4.文化精神的引领作用

我国图书馆文化馆员的精神气质、文化修养、对待文化建设的态度都会对社会民众具有示范作用，通过策划和组织文化活动可以引起社会思想感情的共鸣，促进社会民众文化传扬外化于行、内化于心，形成积极向上的精神风貌和健康文明的生活方式。文化馆员应该具有高尚的文化素养，掌握科学文化知识并达到融会贯通。优秀文化馆员是青少年成长、成才的标杆，在社会民众群体中具有典型示范作用。

（二）我国图书馆学实施文化馆员制度的缘由

1.提升校园文化建设水平，为建设社会主义文化强国而谋划

文化建设是我国特色社会主义事业发展的重要组成部分，能够提升文化软实力，增强我国在国际上的综合竞争力。当今国际社会，各种文化思潮此起彼伏，意识形态问题复杂多变。习近平总书记在党的十九大报告中指出：“文化是一个国家、一个民族的灵魂。文化兴国运兴，文化强民族强。没有高度的文化自信，没有文化的繁荣兴盛，就没有中华民族伟大复兴。要坚持中国特色社会

主义文化发展道路，激发全民族文化创新创造活力，建设社会主义文化强国。”[1]在党的十九大报告中，“文化”成为核心词，被提到79次，充分说明了文化传承与发展在我国特色社会主义建设中的巨大作用和深远意义。我国社会主义先进文化建设与发展，必须统筹推进“五位一体”总体布局的战略目标，协调推进“四个全面”的战略布局，按照经济社会发展总要求，科学研判世界文化发展的新趋势，以习近平新时代中国特色社会主义思想为指导，阐释中国道路，讲好中国故事，增强社会主义文化的自觉性和自信力。我国图书馆是弘扬、传承社会主义先进文化的思想阵地，制定和实施文化馆员制度是我国图书馆学遵循社会主义先进文化制度创新要求的保障。以我国图书馆学文化建设为起点，传承文化精神，聚集文化力量，发挥文化馆员组织策划、示范引导的作用，促进我国图书馆学文化面向社会民众，引领社会民众参与到文化建设中，在图书馆实践工作中创新文化理念、凝聚文化精神，助推图书馆在历史航程中实现文化进步。

2.提高社会主义文化建设水平，为实现中华民族伟大复兴而行动

全面实现中华民族伟大复兴，要求以强大的社会主义先进文化为保障。实现中华民族伟大复兴的表现之一就是让人民群众享有健康、丰富的文化生活，切实满足人民群众的文化需求，激发人民群众文化创新创造活力，促进人民群众文化素质和文明程度大幅提升。当前，我国正处于实现中华民族伟大复兴的关键阶段。弘扬中华民族精神，传承社会主义先进文化，为实现中华民族伟大复兴的中国梦提供了强大的文化凝聚力和推动力。全面实现中华民族伟大复兴，关键在于人的素质，人的精神状态和人的文化素质直接决定了实现中华民族伟大复兴的进程。我国图书馆作为社会主义先进文化建设的重要阵地，国家文化教育政策对我国图书馆学提出了具体、明确的要求，不仅要宣传科学文化理论，还要弘扬社会责任感和创新担当的时代精神。我国图书馆拥有丰富的文献资源，承担着向人民群众传承文化的重要职责。在图书馆内设立文化馆员，就是让文化馆员充分运用馆内的文献资源传承社会主义先进文化，为社会民众提供正能量的文化精神食

---

[1] 习近平.决胜全面建成小康社会 夺取新时代中国特色社会主义伟大胜利［N］.人民日报，2017-10-18（1）.

粮。文化馆员要树立责任意识，实时指引阅读方向，引导读者积极向上地进行文化欣赏，陶冶情操、引领风尚，通过提倡阅读引导社会民众进行广泛阅读，进一步提升社会民众的文明素质。

3.提振社会主义文化精神，为理顺社会文化建设而作为

社会文化是存在于社会民众群体中的规范准则和价值观念，是社会主义建设与发展过程中物质文明和精神文明凝聚形成的精神典型。它由物质文化、制度文化、行为文化和精神文化几个层面组成。[1]而我国图书馆学文化是社会文化精品的重要组成部分，不仅能教育、熏陶社会民众，影响社会文化环境，还能创新文化精神，对社会民众的价值观取向、道德品质的提升、文明习惯的养成起到规范引导作用。我国图书馆作为社会主义先进文化资源的汇集之地，具有传播、交流、建设文化的职责，是社会文化经验感受和体验的平台。我国图书馆应积极主动地参与到社会主义先进文化传承与建设中，既要为社会传承和创新文化提供服务，又要全身心地投入社会文化建设之中。设立文化馆员制度，就是为了顺应社会主义文化建设的需求，积极参与到社会文化建设的大潮中。设立专门岗位，落实文化馆员工作职责，负责我国图书馆的文化建设，要让文化馆员直接转变为文化的建设者和传承者；充分利用丰富的文献资源，开展传统文化、革命文化和先进文化教育，引导社会民众参与阅读推广活动，培养社会主义文化的认同、自信和自觉；加强文化教育，提升跨越文化界限的沟通能力，走向国际文化，促进我国图书馆成为人民群众学习、交流、传播文化经验的重要基地，进而不断推动社会文化欣欣向荣。

（三）我国图书馆学实施文化馆员制度的路径

1.转变观念、提高认识，强化文化馆员的文化意识认同

图书馆是全社会的文献信息中心，为文明社会的人才培养、科学研究、文化育人提供信息服务与文献保障，这是我国图书馆最本质的功能。如今的社会发展和广大社会民众对文化知识需求的增长对我国图书馆提出了更为高质量提升的要

[1] 陈霞.高校图书馆参与校园文化建设研究［J］.教育教学论坛，2016（9）：7-8.

求，其中就包含社会文化建设的需求。我国图书馆员必须进一步转变观念、提高认识，强化图书馆先进文化建设功能。一方面，实施保障提供社会文化建设所需要的文献信息资料，为不断提升社会文化的品质提供文献参考保障。另一方面，以文献资源为立足点，组织开展文化活动，引导社会民众构建品位脱俗、文化氛围浓厚的精神世界。

2.明确职责、真抓实干，设立文化馆员的专职岗位

在我国图书馆业务管理范围内设立文化馆员专职岗位，明确文化馆员专岗工作职责，这是实行文化馆员制度的前提保障。《普通高等学校图书馆规程》明确了高校图书馆是校园文化建设的基地，把参与或组织校园文化建设作为高校图书馆的责任，就必须设置文化馆员专岗来履行校园文化建设的责任。

3.注重培养、强化储备，提升文化馆员的素质素养

实施文化馆员制度，关键在于有一批能够担当文化建设工作的专门技术人才。老舍先生说过："一个理想的图书馆应该是这样的，它会指导读者读什么书和怎么读。"文化馆员具有专业知识和专业技能，是图书馆的专门工作人员，文化馆员首先要懂得书籍，然后才能指导读者去阅读。当前我国图书馆的馆员中能够胜任文化馆员岗位的人员并不多，这在一定程度上限制了文化馆员制度的落实。我国图书馆要从两个方面突破这种"瓶颈"：一是引进高学历人才，二是选拔具有较高文化素养的馆员实施进一步的培养。通过引进人才和馆员继续教育，精心打造一支专业精、技术强、责任担当的文化馆员队伍，为我国图书馆科学发展保驾护航。

4.落实制度、建立机制，保障文化馆员工作顺利进行

制度建设要遵循根本，要注重实施的全面性和建设的长期性。以制度管理图书馆工作，是现代图书馆法治思维和科学治理的重要方式。我国图书馆设立文化馆员，不仅关涉到图书馆内部的人员聘任、岗位设置和经费安排等，还关涉到文化馆员与其他岗位馆员、行政管理部门之间的关系问题。这些关系需要以制度来平衡，确保文化馆员的岗位工作有序、平稳地进行。为此，一是进一步修订我国图书馆的规章制度，确保文化馆员制度翔实、具体、可靠。二是设置文化馆员专岗，建立文化馆员制度，通过制度管理把文化馆员纳入图书馆管理范围，让文化

管理工作有章可循，促进我国图书馆学文化建设进入快轨道，保障我国图书馆学文化建设的科学发展。

5.措施有力、保障供给，提供文化建设工作的运转经费

我国图书馆学的文化建设工作是需要人民群众共同参与的集体性活动，需要一定活动经费的支持。要根据《图书馆文化建设工作方案》的规划在经费预算中统筹拨付一定的文化建设经费。我国图书馆也可以根据文化建设工作的实际情况，联系校友或社会团体，寻求多方经费支持。

二、促进我国图书馆学制度文化的创新性发展

文化创新促进我国图书馆学制度管理可持续发展。图书馆文化涵盖物质文化、精神文化和制度文化，其中制度文化是政治与社会制度的文化表现，是物质文化和精神文化协调发展的保障。制度文化创新为我国图书馆文化建设提供了保障。制度文化建设指引精神力量，是文化行为的准则，是文化建设的硬指标。文化理念是制度实施与创新的诉求，文化与制度必须兼容、匹配。当两者关系融洽构建制度文化时，制度创新被赋予了更有时代意义的新的文化内涵。我国图书馆学实施制度文化创新，在完善原有制度文化的基础上，构建适应新环境的制度文化。

（一）我国图书馆学制度文化创新的必要性

我国图书馆学制度文化创新的基础保证是图书馆积累的物质文化和精神文化，只有不断完善制度文化并保持创新性，才能不断促进我国图书馆事业的健康发展。

我国图书馆作为社会文化建设与发展的主要动力源，肩负着承担社会责任和创造文化精神的使命。网络技术和数字技术的迭代发展，正在促进读者阅读习惯的改变，图书馆已经不再是唯一能够提供信息服务的机构，读者对图书馆的需求程度和依赖程度在逐渐降低。印度著名图书馆学家阮冈纳赞指出：“图书馆存在的目的是为社会利用。图书馆应该是随着社会的发展而发展的，是与社会同方

向、同步前进的。”[1]我国图书馆学坚持文化创新，遵循价值批判、理论创新原则，积极倡导与时俱进的制度文化，只有这样才能推进我国图书馆的发展，才能参与社会文化建设、适应社会文化发展的要求。

随着高等教育的普及，应用型人才培养成为高等教育的核心任务之一。高等学校承担着培养应用型人才的任务，应用型人才的文化素质也成为其未来走向工作岗位并有良好发展的重要因素。然而，在经济功利主义的冲击下，高校校园文化的特质已经在逐渐淡化。我国图书馆是大学生文化活动的精神家园，图书馆文化精神与校园文化精神是从属、协同的关系。大学精神为图书馆文化建设界定了核心价值——服务育人、崇尚科学、传承文化。近10年来，我国各类图书馆的数量增多、规模扩张迅猛，但是数量的增多和规模的扩大并没有改变其在社会服务生活中的被动局面。当前我国图书馆学仍在分析研究和运用传统的制度文化安排，存在表面化、滞后等不足，在一定程度上阻碍了图书馆的制度管理和读者服务层次的提高。因此，解决我国图书馆学目前存在的各种问题的关键就是制度文化创新，开创与时代发展同步的制度文化的新局面，以此推动我国图书馆学向着良性、健康的发展方向前进。

（二）我国图书馆学制度文化的创新性构建

1.强化监督，保障权益

我国图书馆学实施对读者权益的保护直接影响着图书馆的发展方向。我国图书馆员必须转变观念，不仅要对不适应现代社会发展的规章制度实施修改或就此废除，还要进一步增强馆员的法律意识和规范意识，提高服务质量，开展个性化服务，通过多元化的沟通渠道，形成与读者密切的交流格局，坚持以人为本，促进信息传输的自由发展，并以此推动制度文化建设，形成我国图书馆事业全面发展的新局面。同时，维护读者权益，发挥制度执行的保障作用，建立切实可行的监督机制，也是非常重要的。[2]一要建立以读者服务为内容的监督机制。设立全国

---

[1] 刘薇.图书馆的社会价值探析［J］.理论观察，2010（5）：152-153.

[2] 武旭.谈大学图书馆读者权利［J］.图书与情报，2006（6）：71-74.

图书馆工作委员会，发挥委员会的职能作用，接受和评定读者诉求，保证读者诉求落实，保障读者权益。二要建立读者参与的管理机制。制定读者参与图书馆管理的工作方案，邀请读者代表进入图书馆管理体系，参与图书馆的行政、业务管理，为图书馆管理献计献策。读者参与图书馆管理，对图书馆管理提出解决问题的方法和信息需求，有助于推动我国图书馆学制度文化创新，有利于管理制度的完善与发展。三要建立快速反应的检查机制。我国图书馆可根据馆况实际，聘请馆外人员组成检查组，定期对图书馆工作落实情况进行检查，并把检查评议意见与考核评优相结合。四要推行责任追究机制。在图书馆内实施馆员首问负责制，凡是工作中不作为，应该解答的问题没有解答、应该解决的问题没有解决的，应对当事馆员进行责任追究，以书面形式责令其提高责任操守，提高服务水平。

2.提高素质，规划职业

随着信息技术的快速发展，我国图书馆的读者服务内容和信息发布方式发生了变化。变化引发更高层次的管理水平的出现，这潜移默化地促进了我国图书馆学制度文化的创新。图书馆员应成为知识的传播者和文化创新的推动者，凭借良好的职业道德素养和较高的知识信息素质，适应社会文化时代化发展的需求，以高尚的业务素质操守成为提升我国图书馆学制度文化水平的推动者。

我国图书馆员的职业规划和管理是图书馆事业发展的核心内容，关系到馆员职业价值的成就感。为此，图书馆应更多地关注馆员的业务工作水平和发展潜力，馆员应充分明确工作目的和图书馆发展目标。图书馆应制定有利于馆员全面发展的职业生涯规划，充分调动馆员工作的积极性，提高馆员的工作满意度。我国图书馆顺应时代潮流的发展需要馆员不断提高职业道德素质和业务管理素质，馆员自身的成长与发展也需图书馆的维护和支持。只有将职业道德和业务管理素质的提升与职业生涯发展规划结合起来，才能达到馆人合一，共同发展、双向受益，才能适应现代信息服务发展的需要。为此，我国图书馆应择机建立各种形式的进修培训制度、切实有效的用人和奖励制度，还要实时建立馆际即国际图书馆员交流学习制度。

3.民主管理，和谐发展

在公平、和谐的原则下，我国图书馆实施民主管理。协调图书馆各部门，广开言路，集思广益，达到高效管理图书馆工作的目的。对我国图书馆学来说，民主管理是图书馆制度文化组织开展、运行决策的基础，是弥补不足、解决问题、控权控势的方式方法。建设和发展我国图书馆学制度文化，需要增强馆员管理的民主意识，参与制度管理，形成图书馆民主管理的浓厚氛围。民主管理的基础保障是尊重人和奉献社会，要充分体现公平、公道之举，发扬平等参与、有效监督的民主和谐本质精神。我国图书馆实施民主管理，这是馆员和读者共同参与的管理，是保障读者民主权利的管理。我国图书馆坚持党领导下的馆长负责制，建立和完善教代会制度和专家委员会制度，充分发挥图书馆工会组织的作用，全面推进馆务公开制度，完善民主决策、监督、审议咨询制度。

4.完善制度，依法依规

图书馆法是国家立法机关制定的规范图书馆活动和图书馆事业的法律总和，也是我国图书馆学制度建设和事业发展的根本依据。我国图书馆学要依据图书馆法的规定，依法依规完善制度，建立文明和谐的社会主义现代化图书馆。

三、我国图书馆学管理制度中的文化激励机制

建立和完善管理制度的长效机制，确保管理制度在社会主义文化建设中发挥持久的促进和监督作用。管理制度是我国图书馆学文化建设的根本保障。随着管理制度的建立与完善，我国图书馆已经将读者信息诉求、馆员道德规范和人员行为规则融入科学管理之中，通过制度建设将我国图书馆学尝试着建立在规范化、完整化的管理制度体系之内，这在很大程度上规避了业务工作中的随意性，营造了公平竞争的氛围，保障了我国图书馆各项工作的顺利开展。制度管理对于图书馆管理人员来说，便于操作，易于管理，不会因新情况、新问题而束手无措，因此普遍受到理解和欢迎。

（一）制定文化激励机制的必要性

制度的规划和制定要与时俱进。在目前我国的图书馆实际工作中，管理制度的制定与执行也存在着不足。一是随着现代化服务手段的大量应用和读者自我意识的提高，图书馆的工作管理处于一种动态变化的状态之中，管理制度不可能关涉到所有问题，而且随着时间的推移，大量新问题不断涌现，难免出现一些疏漏。二是由于人员水平或馆舍环境问题，管理制度的制定可能存在呆板的情况。如果将管理制度作为行政手段来对待，会使图书馆管理无缘创新发展。在现代社会发展中，创新是根本，只有通过创新才能提高我国图书馆的信息传输质量和信息服务水平。创新型社会发展需要图书馆依靠管理制度进行工作管理，另外，图书馆的制度管理是对人的行为的管理，而对人的管理更具复杂性，这不仅需要制度管束，更需要人文关怀，简单的行政式制度管理会出现适得其反的情况。

（二）文化激励机制制定的原则

1.系统性原则

随着信息社会的发展，我国图书馆管理成为一项系统工程，必须运用系统论的分析方法来研究制度管理问题。我国图书馆学要将文化创造与制度管理有机结合起来，以产生减少内耗、发挥团队作用的功能效应。我国图书馆的现代化管理，越来越处于一个复杂多变、充满竞争的环境中。如果在图书馆集成管理系统中，馆员、组织、环境等子系统协调配合、共同努力，就会产生最大化的工作效率。可见，协同在制度管理中具有重要的作用，我国图书馆学的制度管理也符合协同理论，只是光有管理制度还不够，文化激励机制也不可或缺。

2.人性化原则

管理制度的制定与实施和文化精神相关联，制度与文化应该是图书馆管理中的两个方面。制度内容是具体的，规规矩矩地摆在那里、挂在墙上。违反制度会受到惩罚，制度是约束人的行为的管理机制。文化的内涵是无形的，文化映射了人的美好愿望和理性诉求。文化精神根植于人的心中，可以对馆员和读者的实际行为产生指导和约束作用。目前，由于我国图书馆面临服务方式的多样性、读者需求的变化性、阅读环境的多元性，制度管理不可能面面俱到，因此按照协同理论，制度是我国图书馆管理各项工作的保障，没有制度管理的工作团队会缺少凝聚力，像一盘散沙；而只实行制度管理却没有文化的创造，会使团队死气沉沉，缺乏生机活力。因此，我国图书馆学应把制度管理和文化理念相结合，形成合力，舍弃制度的过度约束和文化的软弱无能，形成两者相互作用、相互促进的局面，达到良性平衡，形成制度管理下的文化再造。

（三）文化激励机制的作用

我国图书馆学实施文化机制措施，其作用表现在：一是规范和约束馆员工作的岗位行为，制度管理下的文化建设可以适度缓解馆员工作情绪，弥补不同岗位重要程度的落差，以有形和无形的方式评判馆员的工作行为，达到激励馆员积极上进的目的。二是注重制度管理的强化作用和文化精神的引导作用，使馆员自主行为与图书馆事业相契合，推动馆员内在主动性的激发和服务意识的提升。三是在制度管理下，文化引导作用促使馆员与读者在服务目标上达成一致，并促使我国图书馆的每一项工作行为落实到馆员的自觉行动中，成为馆员良好的行为规范，促进我国图书馆各项工作有序开展。运用文化激励机制，可以优化我国图书馆的管理制度，确保管理制度创新的有效性发展。

第三节　我国图书馆学制度文化的区域性服务与效益

随着全球经济化时代的到来，社会与我国图书馆的联系日益密切，对科学文化知识的需求也逐渐呈多元化趋势。我国图书馆应发挥自身特色文献资源的优势，在极大满足广大师生文献需求的同时开展地方经济社会发展服务工作，这有助于促进我国图书馆学自身的发展并能够在社会公共文化建设中发挥主力军的作用，实现自身发展和社会建设双赢。

一、我国图书馆服务区域社会文化建设的现状

我国图书馆服务区域社会文化建设工作，依据社会服务内容，可以形成三种模式：一是初级模式。运行方式是提供纸质书刊、音像视频、数字信息等资源的检索、借阅服务，这是最为基础的读者服务，易于实施，便于操作。二是中级模式。运行方式是提供参考咨询、文献传递、馆际互借、科技查新、跟踪服务等，这是技术含量相对较高的信息服务模式，需要丰富的信息资源和现代科学技术的支撑。目前，我国大多数的图书馆已达到了该服务标准，但因服务意识、设施设备、专业技术等存在不足，文化服务主要集中在文献传递和参考咨询上，而在馆际互借、科技查新、跟踪服务等方面还受到一定程度的限制，尚未具备完全向社会开放的能力。[1]三是高级模式。运行方式是提供数据挖掘、知识管理、学科建设等专业性强的服务。图书馆在高级模式上的服务难度比较大，尚处于实践发展阶段，只是在与知识服务机构的合作中才有可能实现第三种模式的服务内容。

我国图书馆在服务区域社会文化建设的实施过程中主要存在以下不完善的方面：一是意识障碍。长期以来，我国图书馆在文献的使用上重藏轻用，图书馆管理故步自封，过度重视读者服务，忽视社会服务，片面地认为社会服务是公共管理范围内的事情，与图书馆关系不大，同时存在图书馆社会服务宣传不及时，图书馆员对社会服务认识存在局限性的问题。因此，我国图书馆学的社会文化建设服务还未产生轰动效应。二是制度障碍。《中华人民共和国公共图书馆法》的出台，为公共图书馆的社会服务工作提供了法律和制度依据，但是针对其他图书馆社会服务的制度建设和法律依据仍然缺乏。在《普通高等学校图书馆规程》中，提到“高校图书馆要为社会服务”，但社会服务的针对性不强，执行措施不明显。虽然各类图书馆根据实际制定了一些规章制度，但因缺乏规范，在实施社会服务中依然无法律可依。三是人才障碍。一方面，在社会服

---

[1] 刘艳红.国内外高校图书馆社会服务的现状比较与启示［J］.图书与情报，2011（2）：102-105.

务中，我国图书馆因馆员年龄老化退休而人手不足；另一方面，图书馆正处于服务转型期，社会服务由单一性转向个性化和多元化，面临着专业人才短缺的问题。

二、我国图书馆服务区域社会文化建设的制度设计

制度设计是推动社会政策理论研究的有效抓手，它能够从整体性上指导我国图书馆社会文化服务工作，尤其是对区域社会文化工作的指导作用更为明显。构建我国图书馆社会文化服务模式，必须对图书馆进行整体研究和系统分析。我国社会服务的目标是探索与中国国情相匹配的社会服务措施、路径和方法，把握、认知社会服务规律，建立科学有效的文化理论结构和制度结构。可以看出，制度设计分析在很大程度上可以掌控我国图书馆服务社会文化建设的发展趋势，并给予全面的理论化诠释。

我国图书馆学服务区域社会文化建设的制度设计，是在图书馆实践工作的基础上完成的。我国图书馆依法依规开展社会实践活动，在实践中验证理论成果、完善理论诉求，以新理论指导新实践，实现理论与实践有机转化。制度设计分析可以更有效果地开展实践工作的调查和研究，促进我国图书馆学文化建设与研究的创新，进一步完善我国图书馆学文化建设管理制度，有效解决我国图书馆在开展区域社会文化建设服务上出现的疑难问题，以推动我国图书馆工作再上一个新台阶。

我国图书馆学通过制度设计分析提炼和总结社会文化服务经验，并在树立典型和展示服务理念上发挥推动作用。由于我国图书馆学理论研究具有差异性特征，其在区域社会文化建设中读者群体庞大、服务面广泛，文献信息需求也呈多样化，因此难免会遇到一些难解的问题。从制度设计角度出发，对我国图书馆服务社会工作进行综合研究，能够为这项服务社会工作的合理开展提供成熟经验和成功案例。

三、我国图书馆学制度文化服务区域社会发展的路径

（一）为区域社会决策和发展提供信息参考

根据当地政府需求提供对接定题信息服务，如区域经济建设发展规划、优化升级区域经济发展布局等方面的经济参考信息，这既节省了政府机关查询资料、进行分析研究的时间和精力，也拓展了当地政府决策机构的思路和方法。我国图书馆还可以结合省市文化专家对区域社会文化考察的情况，收集相关文献，建立区域文化资料室，并为区域社会文化研究提供信息服务和技术支持；协助地方政府进行公共文化评议，提供相关文化数据和文献资源，当好信息参谋的角色。

（二）为区域经济发展注入活力

我国图书馆应广泛联系地方高校特色学科专业，关注学校优质资源向生产力的转化，提升区域社会经济、文化效益。我国图书馆要协助地方政府实施科技成果转化，推进企业产业化发展，形成特色鲜明的区域科技产业文化，成为区域文化高地的新生长点和辐射源；协助学校、科研单位向区域社会推出一批有一定影响力的科研成果，为当地政府实施积极有效的科技扶持政策提供有力的智力支持。

（三）为区域企业提供特色资源和技术支持

随着我国经济社会的快速发展，区域社会出现了许多实力强、规模大的企业。由于规模发展太快，这些企业大都没有及时建立起信息资源保障系统，鉴于此，图书馆为企业提供信息资源服务显得尤为重要。我国图书馆收藏了有特色、优质的信息资源，这是其他社会文化组织所无法比拟的。企业对特色信息资源有着强烈的需求，它们渴望能够共享这些信息资源。近年来，地方图书馆，尤其是地方高校图书馆，积极整合地域、专业、人文、科技等特色资源，将养殖类、科技电子类、旅游类、机械制造类文献资源编辑重整，通过网络推送到企业用户主机上，促进企业快捷方便地获取信息，成为建设区域社会信息高速公路的重要资源保障。

（四）为区域文化创新提供理念支持

依托我国图书馆文化资源，促进文化传承与文化创新相结合，不断推陈出新，构建区域文化品牌，扩大区域文化的影响力，提高知名度。协助区域社会文化机构开展特色文化系列活动，吸引社会民众广泛参与，提高社会民众的文化素质，营造区域社会浓厚的文化氛围。文化的内涵是无形的，是一种利国益民的软实力表现。我国图书馆学实施制度文化建设，以此服务区域经济社会创新发展，就像转化器一样，通过创新发展的丰富形式，让社会主义先进文化变得生动有形和具体翔实。我国图书馆正在发挥传承与创新功能，弘扬社会主义先进文化，助推区域社会文化强力建设。

第四节　我国图书馆学组织文化建设

组织文化来源于企业管理理念。从整体上说，组织文化是一种新型的组织管理理念，拥有先进的管理方法，强调管理工具的理性和管理方式的自律。组织文化理念是对传统管理理念的全面更新，注重通过尊重人的劳动而激发其内心的精神动力，促进人自觉地进入工作状态，展现奋发进取的工作精神。工作积极主动，会激发出强大的创新精神。我国图书馆学理论建设来源于文化，同时我国图书馆学建设也为文化服务。我国图书馆学组织文化是图书馆全体人员追求的价值理念，是全体馆员组织意识和文化认同的客观表现。通常情况下，我国图书馆学的组织文化大多以规章制度、语言符号、信念口号等方式展现在图书馆日常运行活动中。

一、组织文化在我国图书馆管理模式中的应用

（一）树立规划目标，明确发展方向

在构建我国图书馆学组织文化过程中要树立规划目标，明确发展方向。图

书馆管理者基于我国社会主义文化精髓、主流社会思想、时代发展精神，对我国图书馆发展规划和发展前景进行审视并促进其发展。作为我国图书馆管理模式的主要组成部分，组织文化理念要求图书馆积极构建具有特色的文化体系，其中主要关涉到图书馆工作特色、形象、价值及意识。为此，我国图书馆要充分认识到组织文化建设体系的意义和作用，确保发挥组织文化的优势，有效展现图书馆工作的价值所在。基于团队建设和个人发展、近期目标和远期目标相结合的发展策略，我国图书馆需要进一步落实组织文化目标的现实性和可操作性。

（二）汇聚精神力量，形成共同价值观

凝心聚力，形成共同价值观，这是我国图书馆学组织文化的核心要义。为此，我国图书馆要不断探索自身运行的价值所在，提高管理创新发展的要求，按照读者的精神需求和信息需求，实施管理模式的转型发展，特别是在信息高速发展的时代，我国图书馆要快速增加信息承载量，不断满足新时期读者的信息需求，充分展现我国图书馆的时代价值。与此同时，在我国图书馆学组织文化建设中不断融入新的价值观念，基于馆员在服务态度、情感意愿、意志品质及文化修养等方面的不同，加强教育训导，在建立和谐关系、创造良好工作环境、实现基本物质保障的基础上进一步发挥馆员的积极性和主动性。以研讨、会议交流、面对面对话的方式，促进对图书馆文化管理的理解，认同新建的规章制度、价值观念和理想目标，形成有利于图书馆发展的凝聚力和向心力。

（三）转变管理角色，提升创新牵引力

我国图书馆学组织管理应用组织文化理论，管理职能转变成服务功能，信息服务成为读者群体的必要需求。馆员除了履行组织、规划、协调等职能外，还要转变管理角色，重新认识权力、职责的作用。同时，图书馆管理中的上下级关系只是一种固定的劳动分工形式，馆员实行上下级管理或自我管理。在这种管理方式的指导下，图书馆应为馆员提供一个施展才能的平台、环境，并引导馆员提高业务素质和工作能力。图书馆的良性发展取决于馆员对图书馆事业的热爱和奉献。如果馆员的思维打不开，服务质量上不去，图书馆事业自然发展不好。要促使图书馆事业进行现代化转型，馆员必须提升思想境界，树立高尚的服务意识，提高服务水平。此外，图书馆还要开放权力结构，使馆员发挥业务骨干作用，促进图书馆团队精神的形成。

（四）以人为本，倡导人文关怀

我国图书馆学要体现以人为本的管理理念。要树立科学的发展目标，重视图书馆的人力资源建设，借鉴新的管理理念，在实际管理中实施柔性管理。首先，坚持服务至上的理念，以读者为中心，优化组织文化管理模式，提供个性化、实时跟踪服务，不断满足读者的信息需求。其次，明确图书馆员的职业地位，在组织文化建设中倡导人文关怀，激发馆员工作的积极性、主动性，充分发挥馆员的创新能力，促进文化治理水平的提高，进一步展现我国图书馆学组织文化的作用。[1]

（五）塑造人格，提升文化形象

形象是能够引起人的思想或情感活动的具体形态。一直以来，我国图书馆注重形象，树立典范，并以此提高服务质量，创造、创新组织文化。在我国图书馆管理理念中，塑造人格、提升人格魅力是展示图书馆形象的重要表现形式。人格塑造促进了我国图书馆形象识别系统的建立，并关注馆员集体人格的表现。图书馆可以利用雕塑、绘画、警示语、馆徽、馆训等烘托文化氛围，彰显图书馆组织文化个性特点，带给读者激情与奋发，使读者见物明理。塑造馆员的集体人格则可以通过价值观的认同来实现行为规范、自我提升和榜样感召。通过人格塑造，图书馆能够树立光辉形象，展示以人为本、数字人文、尊师敬业的管理创新成果。

（六）缔造契约，达成文明管理目标

组织文化建设注重过程的实施，为了促进组织文化建设落地落实，最终要

[1] 杨得鑫.读者行为引导下高校图书馆学习空间设计研究［D］.重庆：重庆大学，2018.

把文化理念与制度建设、业务建设、行为规范相结合。在组织文化环境下完善制度，需要考虑制度的认同度，即在组织管理人员内心深处形成不干预心理契约，促使图书馆员行为自律，这样才能使制度得以贯彻执行，图书馆管理才能进入组织文化管理的状态。在制度建设的实践过程中，作为图书馆管理者，馆员更应关注读者的内心世界，尊重人性自由，向读者传递一种人文关怀，从而在心灵深处产生一种自觉的心理契约，遵守规章制度，矫正行为，实现自我管理，最终实现文明管理的目标追求。

二、我国图书馆学组织文化建设的策略

（一）构建图书馆学核心价值观

强化我国图书馆学管理模式建构，实现科学管理向文化管理的转型，有效推动我国图书馆组织文化战略的实施。构建图书馆学核心价值观，以此推动我国图书馆学组织文化建设。我国图书馆学构建核心价值观有利于提升组织文化理念的高度。实践已经证明，我国各类各级图书馆在实施科学管理向文化管理转型的过程中，价值观在组织文化建设中发挥着重要作用。我国图书馆学核心价值观的构建，不仅要关注图书馆发展的快节奏，还要针对环境、理念、精神的具体要求实施实践性发展。进行组织文化建设，要研判图书馆的发展现状，明确馆员发展关系，提升职业素质水平，以此为基础进行分析研究、决策部署。

（二）建立可持续发展目标

在我国图书馆学组织文化建设中，发挥决定性作用的是管理性组织文化。管理性组织文化包含多种不同形式的管理理念。在管理性组织文化的指导下实施我国图书馆学文化建设能够提高管理效率。为创新发展，实现我国图书馆管理的有效转型，需要制定可持续发展目标，引导和规范我国图书馆学组织文化建设，这有利于将馆情、馆貌及思想情感融入图书馆学组织文化建设中。我国图书馆学组织文化建设涉及面非常广，包括图书馆管理文化及日常管理活动的方方面面。

（三）实现组织文化建设长期化

在进行我国图书馆学组织文化建设中，要以客观事实为内容，将组织文化的理念精神落实到图书馆日常业务工作中，实施管理模式的有效创新，保持组织文化建设的长期发展。如何做到组织文化建设长期发展？首先，将组织文化管理模式落实到图书馆各项工作中，促进馆员高度重视组织文化建设工作。将图书馆管理明确规定为组织文化建设的内容，促进图书馆管理有效性落实和贡献性展现，为组织文化管理转型提供足够的精神支持。其次，建立有效的文化管理机制，保障图书馆学组织文化建设顺利进行，如建立制度保障机制。最后，有效实现图书馆学组织文化建设长期发展。建立调动馆员积极性的奖惩制度，鼓励馆员在组织文化管理模式下，为图书馆发展做出更大贡献。

第二章
我国图书馆学文化制度建设实践案例

●●○○

第一节　我国图书馆学制度服务立德树人

一、创建勤工助学基地促进我国图书馆学制度建设

随着我国高校有序开展的勤工助学活动深入进行，勤工助学逐渐成为制度规定并普遍进入我国图书馆的实践活动中。在保持经济资助的基础上，勤工助学促进学生在知识获取、社会实践、人际交往等方面的能力大幅提高，也展现出了不同凡响的教育效果。我国图书馆在实施勤工助学工作之前，要充分理解勤工助学对促进青少年全面健康发展的重要作用，创建勤工助学基地，并以制度的形式确定下来。从我国图书馆学价值观中提炼最稳定的因素，按照图书馆工作目标，制定勤工助学基地章程。在图书馆内部设定工作岗位，签订劳动协议，共同管理和打造图书馆制度文化。图书馆一方面培养了学生，另一方面提升了服务水平。可见，勤工助学是学校、社会立德树人的重要组成部分。

（一）勤工助学基地章程

我国图书馆建立勤工助学基地，制定了明确的章程，章程包括以下内容：

（1）总则。以法律为依据，明确宗旨、原则、指导思想，确定勤工助学的性质。

（2）组织领导。确定机构名称和人员组成情况，明确职责权限。

（3）岗位设置。确定岗位类型，明确工作内容、时间及薪酬。

（4）岗位招聘。确定招聘条件、招聘岗位名称、招聘人数及招聘流程，保障招聘公开、透明。

（5）考核评比。确定考核评比内容、评比等次以及奖优罚劣的措施标准。

（6）附则。补充条款。

（二）勤工助学基地章程体现着我国图书馆学制度的价值观取向

从古代藏书楼发展到现代化图书馆，图书馆给社会民众带来的感受是“图书馆免费开放，不分种族、阶级、贫富，都可自由平等地进入、利用图书馆”。这不是某一个国家的独有现象，而是世界各国图书馆通过实践所表达的共同价值取向。“自由平等地利用图书馆”充分诠释了世界社会民众对知识获取的切实要求和美好愿望。图书馆与人们共存于现实社会里，每一个人都有共享图书馆资源的权利。为了倡导和实现这一价值目标，学者们开展了大量、细致的分析研究，达成了共识。像图书馆勤工助学基地章程所表达的一样，图书馆倡导“知识信息自由获取”价值理念，坚持求同存异、公平正义、共赢发展的普世原则。

（三）勤工助学基地章程要充分体现“和而不同”的价值观

“和而不同”来自《论语·子路》：“君子和而不同，小人同而不和。”“和”为和睦的意思，“同”为共融的意思，这是古代圣人为我们提供的强大的思想武器。社会主义核心价值观的中心意义是和谐、法治、友善，这对我国图书馆价值追求具有深远的指导意义。[1]我们将“和而不同”的价值观，贯彻到我国图书馆勤工助学工作中去，弘扬社会主义先进文化，提升读者服务意识，满足读者需求，

---

[1] 汤利光.论图书馆价值共识［J］.高校图书馆工作，2016（10）：8-12.

让读者满意。充分强调图书馆与每一位勤工助学人员的和谐关系，勤工助学人员之间和睦相处，尊重和服务每一位读者。

（四）勤工助学基地章程要充分体现普遍共赢思想

图书馆是文献信息管理的中心，是公共阅读、学习研究的场所，其追求的目标是社会民众共同利益的满足及图书馆与读者和谐关系的建立。只有实现读者、馆员、勤工助学人员的共同发展，才能体现出图书馆的职能作用和存在意义。勤工助学人员进入图书馆，以义务馆员的身份参与到图书馆工作实践中。图书馆的办馆理念是一切为了读者、满足读者的需求。在图书馆工作中，勤工助学人员以业务理论学习为主，馆员以图书馆实践工作为主，共同的重点工作是服务育人。他们在实际工作中都能感受到制度文化氛围，共同遵守规章制度并为读者开展服务工作。因此，在勤工助学基地章程内要融入制度文化规定，体现图书馆的价值取向，在保障勤工助学人员基本利益的基础上确保图书馆工作的顺利开展。

（五）勤工助学基地章程要充分体现公平正义及主体性原则

社会主义核心价值观是中华民族优秀品质的体现，也是我国图书馆学文化建设的核心内容。围绕“人”开展工作是我国图书馆工作的中心，图书馆以优质的服务公平对待读者，馆员、勤工助学人员与读者一起履行责任和享受权利。在履职尽责前提下，科学合理地规范读者行为是图书馆制度文化建设的重要内容。

我国图书馆学文化制度建设既有共性的归属也有个性的张扬。每一个图书馆的文化建设都有属于自身的独特制度文化，我们需要从共性的归属方面来分析研究勤工助学工作对制度文化建设的促进作用。勤工助学人员是作为辅助馆员参与到图书馆工作中的，建立勤工助学基地是以制度文化的形式确定的，辅助馆员的身份在制度文化建设中有着丰富的内涵，勤工助学基地建设始终遵循图书馆的价值追求，因此，勤工助学人员参与图书馆制度文化建设是顺其自然的事情。在图书馆理论研究中，通常以设施设备先进性、自动化管理程度、新兴业务比重来衡量图书馆现代化程度，[1]这是硬性指标的衡量，然而图书馆现代化走向成熟最明显的衡量标准是是否建立了科学完善的管理制度，以及能否有效地执行管理制度。在建立和完善管理制度的前提下，创建勤工助学基地是符合图书馆管理的制度行为，形成与制度文化相适应的勤工助学基地章程，能够促进图书馆文化互动和文化建设良性变迁，不断提升图书馆服务水平。

二、我国图书馆学立德树人育人制度体系的建立

当前，我国经济快速发展，教育领域发生重大变革。教育实施改革，立德树人始终是教育的基础，也是教育改革的目标。《普通高等学校图书馆规程》指出，"高校图书馆具有教育与信息服务职能"。高校图书馆应发挥人才培养、科学研究、社会服务和文化传承创新的作用。相应地，各类各级图书馆都应该参与人才培养工作，设立第二课堂，发挥教育引领作用，培养青年道德素养，提升青年道德品质。我国图书馆应构建立德树人育人制度体系，引导馆员遵守法律，爱护馆藏设施，维护公共道德，为立德树人育人制度体系的建立提供思想保障。

（一）我国图书馆加强立德树人制度建设的意义

全面落实立德树人根本任务，就要创新发展文化育人工作，分析研究育人工作新方法，发挥图书馆资源环境、文化创新优势，不断提高国民的文化素质、道德品质。立德树人制度建设的意义在于：一是进一步扩展思想政治工作的领域，不断创新思想政治工作方法，完善社会主义思想政治建设体系。二是全面提升我国图书馆的文化育人功能，以育人工作建设为抓手，促进图书馆文献资源、设施设备、服务理念的升级，帮助图书馆不断完善与发展。三是提高社会信息利用与评价的能力，提升思想道德水平和审美精神水准，以及培养青少年人际交往和实践操作等综合技能，帮助青少年全面发展。

---

[1] 许开风.图书馆制度文化浅说［J］.图书馆论坛，2005（4）：26-28.

（二）我国图书馆学立德树人育人体系的构建

1.环境育人

图书馆的建筑艺术、馆内装饰、宣传语录以及馆员形象等都有教育影响社会民众的感应效果。明亮、整洁、盎然的馆舍环境能够营造身心愉悦的阅读氛围，励志经典语录能够激励人们精神向上，朝气蓬勃、精神抖擞又随和文雅的馆员形象也能潜移默化地感染读者并给予正能量。另外，图书馆文化建设中的长廊、竖墙、楼道，充分展现社会主义核心价值观主题内容，有效渗透政治素养教育，突出宣传艺术的人文内涵。总之，我国图书馆环境中的宣传艺术布置应该营造社会主义先进文化和谐、奋进的浓厚氛围，展示知识圣地庄严典雅、知书达理的育人风貌，以高雅、庄重、健康的文化情趣激发社会民众的求知热情，在此基础上发挥图书馆环境育人功能。

2.资源育人

图书馆作为阅读、学习、交流中心，具有丰富的馆藏文献，这对学生课外知识的学习、社会民众人文素养的提升产生了持续的影响。知识全面、思想进步的馆藏资源对社会民众而言是丰富的精神食粮来源。我国图书馆应根据读者需求和学科设置情况，合理配置文献资源，严格把关、精挑细选，建立科学有序的馆藏结构。同时，我国图书馆应广泛开展社会民众对数字文献资源需求的调查研究，成立数字资源评估委员会，群策群力，以社会民众需求为依据，提高数字资源采购质量。

3.服务育人

除静态文献资源的服务之外，我国图书馆还应以动态的信息为对象进行加工、开发，以此为育人工作提供信息支撑。青少年是图书馆服务的主要对象，他们正处于世界观、人生观、价值观形成的重要阶段，也处于拓宽知识视野的关键时期。图书馆的服务质量、馆员的服务意识、勤工助学人员的沟通水平对青少年树立“三观”具有重要的影响。[1]馆员在服务工作中要做到热情主动、细致入微，

---

[1] 白新勤.图书馆实施读者决策采购的基本路径探讨［J］.图书情报工作，2013（5）：76-80.

勤工助学人员要注重沟通交流艺术，在图书馆服务中形成尊重、包容、沟通的良性机制，以提升图书馆的服务育人功能。

4.制度育人

我国图书馆的服务管理是以制度来规范和约束社会民众行为的。合理的制度、严格的纪律、规范的管理可以促使社会民众养成遵纪守法的公德意识和行为习惯。图书馆必须把规章制度依次上墙，贴在书库、阅览室、存包橱等醒目的地方，使读者时刻感受到制度的严肃性，提醒读者养成文明、守纪的自觉性。我国图书馆制度建设应当准确恰当、严谨有力，将价值理念融入刚性的制度约束之中，最终目标是建立、完善和展示规章制度，用合理、规范的规章制度来强化人们对我国图书馆文化育人工作的认同，实现从被动遵守到主动执行的转变。

5.管理育人

制度的落实需要管理的运行。我国图书馆应将育人职能纳入图书馆管理，要做好馆员的管理工作，以良好的形象感染读者，坚持“以读者为中心”的理念，谨记服务育人宗旨，处理好育人与管理的关系，真正做到严格管理、巧于维护，促进图书馆的育人工作落到实处。另外，要在社会民众中招聘义务馆员，让寻常老百姓参与到入馆教育、阅览室管理、书刊借阅等工作中，让义务馆员在实践中培养爱岗敬业精神，提升管理能力和人文素养。

6.活动育人

作为社会民众阅读推广活动的场所，我国图书馆在学术交流、专题讲座、读书沙龙、真人图书馆等活动中具有得天独厚的条件。我国图书馆阅读推广活动集趣味性、思想性、教育性于一体，营造了浓厚的文化意蕴和学术氛围。图书馆应充分发挥馆员队伍、文献资源、空间环境的优势，有计划地开展科学研究、人文教育、文化娱乐活动，不断提高图书馆的艺术鉴赏力、文化引领力，以此指引社会民众提升审美素养。我国图书馆要以优质的服务不断满足社会民众的信息需求，不断提升社会民众的文化理解力和艺术欣赏水平。我国图书馆要定期开展学术交流活动，分析研究文化建设问题，活跃学术气氛；与社会文化部门联合开展信息检索大赛、辩论赛、真人图书馆活动等，为读者展示才华提供舞台，促进馆员开阔眼界，树立榜样，同时丰富民众社区的文化生活。

第二节　我国图书馆学制度服务科学研究

一、我国图书馆学科馆员制度的建立与发展

20世纪70年代后期，美国图书馆学界提出了“学科馆员”的概念。1981年，美国卡内基梅隆大学图书馆率先推出了学科馆员服务项目。之后，美国俄亥俄大学图书馆制定了学科馆员制度，在当时被称为“网络化馆员免费导读服务”制度。目前，在国外，许多图书馆推行和实施了学科馆员制度，在图书馆工作中有针对性地为读者提供推送信息服务。在我国，20世纪90年代中期，某些图书馆试行了学科馆员制度，很多图书馆为此引进高层次人才，专门配置学科馆员。但是，目前我国国内的情况是，学科馆员制度只是在部分重点高校或者部分重点学科得以很好地实施，在大部分图书馆实施得不尽如人意，还有很多图书馆仅停留在探讨与准备的阶段。

（一）我国图书馆学实施学科馆员制度的意义

21世纪是信息高速发展的时代，知识更新快速，各类信息数据海量增长。而网络技术、人工智能技术、大数据技术的发展，实现了我国图书馆数字化信息的快速发布和远程获取。由于信息数据的海量增长，内容繁杂、无序，人们查询信息需要耗费大量时间，特别是一些科学技术前沿领域的信息，运用常规检索很难查阅到，这就需要图书馆配备学科馆员来专项收集、汇总信息资料，以便读者及时、准确地获取到所需的信息资源。在这种情况下，我国图书馆需要制定学科馆员制度，由学科馆员来指导和帮助读者获取信息，运用网络通信技术和专业的检索技术向读者提供文献信息服务。这是我国图书馆为适应信息需求变化，提升服务层次，拓宽服务内容而采取的创造性服务模式。学科馆员制度显示了馆藏信息资源采集、管理和导航的作用，学科馆员是广大读者充分利用数字图书馆的得力

助手，有利于图书馆更好地融入社会各级组织和各项工作，促进图书馆信息资源被充分利用，以促进社会科学工作和学校教学科研工作的开展，乃至促进全球经济的发展。

为了满足读者更大范围的信息需求，我国图书馆应该组织一批熟悉馆藏、熟悉科学研究、具有一定信息技术水平的馆员，形成学科馆员队伍，主动为学术科研工作人员提供个性化的文献信息服务。这是图书馆参与学术交流、支持科学研究、扩大社会影响力的最佳举措。同时，学科馆员要充分了解需求信息，提供有针对性的信息服务，为馆员与读者交流合作提供方便，并对专业信息资源进行深层次的整理，便于科技工作者使用。图书馆建立学科馆员制度，促进学科馆员成为图书馆与读者之间、图书馆与社会组织之间的桥梁和纽带。

在我国图书馆内，学科馆员发挥着重要作用，主要表现在：一是结合读者学科研究方向，推送相应的文献信息资源。在信息时代，图书馆功能不再是强调对文献的收藏，而是突出快速获取更新的信息的能力。学科馆员为读者推送馆藏资源，若馆内没有收藏，可借助CALIS、CASHL等，实施馆际互借，引导读者查询、获取。二是以过硬的技术操作建设馆藏资源。根据社会组织设置情况、学校学科规划方案及读者需求，最大限度地采购文献资源，有针对性地对接信息资源，进行文献的深加工；及时收集网络资源，实施二次检索，析出主题，编制提要索引，定时更新。三是讲授文献检索知识，提高读者利用图书馆的技能。授人以鱼不如授人以渔，帮助读者提高利用图书馆的能力，养成良好的文献检索习惯，是学科馆员的重要工作。

（二）学科馆员应具备高质量的信息素养

美国图书馆协会将信息素养定义为：信息素养是一种理解和一组能力，可以促使读者个体认识到何时需要信息，并具备查询、评价和有效使用信息的能力。信息素养包括3个方面：信息道德、信息意识和信息能力。学科馆员的身份要求其具有高水平信息素养，他们是具有科研能力、理论实践能力和自由竞争能力的优秀人才。

1.学科馆员的信息道德

信息道德是实施信息行为时需要遵守的制度规范和行为约束。在协调信息生产、传输、使用过程中必须遵守信息道德，促进行为规范，如遵守信息法、尊重知识产权、保护个人隐私、清理不良信息等行为规范。进行课题项目跟踪服务，在查询馆藏文献、CALIS借书、网络资源以及政府部门报告时，有些资料可检索到并可免费使用，有些资料则需有偿使用。学科馆员必须以法律法规为依据，尊重人类创造的科研成果，合理检索和合法获取信息。信息道德是学科馆员职业道德的重要表现。在工作中，信息道德督促学科馆员团结协作、敬业奉献、公平公正，为了适应岗位工作，为读者提供更为方便、快捷的服务，学科馆员要不断提升个人的业务能力，提升信息道德素养。同时，学科馆员要积极引导读者遵守信息道德，反对不良信息传播行为，引导读者正确对待社会问题，提升责任担当意识，积极营造一个风清气正的图书馆网络环境。

2.学科馆员的信息意识

信息意识是指对信息知识的感知、对信息功能的认知能力，通过提升信息敏感度和关注度，快速、准确地发现信息的价值并查询信息的来源和内涵，进而准确找到所需信息。信息意识反映了读者对信息获取的理解能力，提升信息素养的前提条件是具备敏感的信息意识。学科馆员要具备在浩如烟海的原始信息中识别有效信息、开发信息价值的能力，在有效信息中检索出核心信息，这要求学科馆员必须具备强烈的信息意识。如果信息意识不强，不能定位自己在信息检索中的角色，不了解信息的价值属性，就不可能在繁杂、无序的信息中发现新信息。而且学科馆员是否具有强烈的信息意识取决于其敬业的程度，只有全身心地专注图书馆工作，发挥工作的积极性、主动性，才能融入信息检索中，捕捉稍纵即逝的信息。

学科馆员的主要工作内容是为高校的教学工作、社会发展的科研工作服务，在与教师、科研工作者进行交流时，应及时了解他们的需求，并积极予以回复、解答。科学研究中的每一个课题都是动态变化的，这要求学科馆员具有善于发现和捕捉更新信息的能力。学科馆员必须具备强烈的信息意识，具有更新自身知识结构的能力，能够接受新思维、探索新举措，形成敏锐的信息意识。在信息交流过程中，学科馆员要融入教学、科研团队，提升学术分析水平、科学研究意识，协助做好科研工作。

3.学科馆员的信息能力

信息能力体现了人们获取和利用信息的综合素质。能够分清信息的真伪，及时获取有效信息，整合处理有效信息，推送信息协助教学、科研工作，促进有效信息得以更大范围地应用，这就是具有信息能力的人所能够达到的信息运用效果。信息发展时代，知识资源呈现爆发式增长，如何从海量的信息资源中查询、获取到有用的知识资源是学科馆员所要具备的信息能力。学科馆员要具有高水平的信息能力。只有信息能力强，才能发挥知识服务职能，适应科学研究与学科建设的要求。学科馆员的信息素养是在图书馆工作实践中，把图书情报学理论与其他学科理论相结合，为社会民众提供知识信息服务，体现知识信息价值中历练出来的。因此，我国图书馆的学科馆员要培养辨别信息真伪、研判信息学术价值的能力，正确对待读者需求，善于沟通交流，以主动、认真、诚恳的态度获得信任。要关注、协调好馆际交流，得到更大范围的支持，以此与图书馆业务工作相结合，满足读者需求，形成特色服务。同时，学科馆员要与社会相关学术团体、民间组织进行交流，创造机会，形成新信息，进行推送或营销，更加充分地表现和彰显学科馆员高水平的信息能力。

（三）建立学科馆员制度的策略

我国图书馆根据学科专业建设和人力资源情况，选拔具有专业背景的馆员，参与到社会组织活动中并提供信息服务，以满足读者对文献信息资源的需求，体现图书馆文献信息中心的重要作用。学科馆员所提供的服务是主动的、有针对性的，以“同事”的身份加入社会集体，不仅要参与科学研究，还要答疑解惑，指导人们阅读学习、生产实践。同时，在协助学者进行科学研究的基础上，学科馆员要加强自身的学习，参加学科专业培训、总结实践经验，不断提高信息能力。在服务学科专业建设中，协助教师、科技工作者构建学科信息平台，检索学术成果，提高获取知识信息的能力是我国图书馆设定学科馆员岗位，实施信息服务的重点工作之一。

1.建立学科导读平台，实施交互式导读服务

导读是在信息科学发展的助力下专设的一种体现学科逻辑关系的知识信息引导策略。学科专业导读平台的设置以《中国图书分类法》学科类目为依据，通过学科类目逻辑关系，确定和分类馆藏资源。它把导读信息集合形成一个脉络清晰、便于检索、实用性强的数据库。在学科专业导读平台组织结构中，读者登录和操作导读平台能够掌握馆藏的分布情况，了解借阅规则，熟悉检索方法，通过E-mail、微博、数字图书馆等工作模块，组织开展面向学科专业的交互导读服务。学科馆员通过操作学科专业导读平台，介绍和布置学科专业的教学、科研信息，例如，整理各教学院系使用的相关教材和教辅资料的藏书位置、理论课程分配表、教师的教学科研信息等；与教授课程的教师沟通交流，把教学案例和教学参考书制作成电子教学课件，纳入数字图书馆以便于读者查询；与相关教学教师合作收集整理与学科专业相关的网络信息，建立链接，及时更新库存资源，保障网络信息的即时性、新颖度；结合网络资源的类别和规模数量，制作电子索引目录，深层次加工信息，提高信息的可用度；广泛收集读者在信息需求、阅读偏好、访问网站等方面的信息，分类管理，建立沟通连接，实施交互式导读服务。学科馆员直接参与学科专业导读平台的运行，能够帮助读者掌握信息查询、信息应用、数据分析的全过程，培养和提升读者的信息能力。[1]

2.设立学科馆员试点，提供一站式信息服务

学科馆员提供的信息服务是一站式的，这其中包括入馆教育、信息工作培训、文献推荐、资料室建设、信息传递、课题查新、信息分析与预测等针对性的、个性化的参考咨询服务。信息服务能够根据社会需求，持续地提供文献信息的传递服务，获取有关的知识信息，进行深入的知识信息加工，为社会经济建设服务，丰富馆藏，提高读者的信息检索能力，扩大读者利用信息、处理信息的范

[1] 王庆德.高校图书馆做好导读服务［J］. 沈阳师范大学学报，2013（6）：37-40.

围。同时，我国图书馆设立学科馆员试点的一个十分重要的目的，就是在办馆经费不充足的情况下，利用学科馆员业务管理的优势，保障社会民众对文献信息资源的需求。

学科馆员履行工作职能，发挥信息服务功能，能够为学科培养、专业建设、科学研究、社会教育、教学研究提供帮助，这对学科馆员的业务素质和技术能力要求更加严格。目前，我国图书馆存在高层次人才缺乏的问题，图书馆的实际困难阻碍了高层次人才的引进。在这种情况下，图书馆领导层要切实转变观念，把困难转化为动力，通过内部挖潜形成团队力量，协同完成学科跟踪和导读服务工作。学科馆员团队要针对学科专业、适宜的科研项目进行试点服务，不断历练，积累经验，锻炼队伍。学科馆员工作既求全面又求精细，要有计划地推进实施，注重协调、沟通，关注读者信息需求，还要切实协助读者提升信息检索和信息组织能力，在获取信息、建设馆藏资源等方面发挥技术职能作用。同时，学科馆员要遵守信息道德，遵守相关法律法规，保护知识产权，尊重个人隐私，抵制不良信息。

二、我国图书馆学虚拟参考咨询服务制度的建立与发展

（一）虚拟参考咨询服务的含义

虚拟参考咨询服务，又称数字参考咨询服务，是一种基于数字化资源，运用Web技术，采用邮件、微信、网络视频等方式，解决各种网络资讯问题的服务形式。[1]用户通过网络平台提出问题，对读者咨询的受理同样以网络手段进行，同时协助读者检索和利用信息，组织一系列文献咨询活动。

虚拟参考咨询服务打破了传统行政管理上的束缚，以灵活多样的、个性化信息服务新姿态展现在读者面前。虚拟参考咨询服务具有服务对象广泛化、服务手段现代化、服务方式多元化等特点。主要服务模式有：

---

[1] 文庭孝.图书馆网络咨询的智能化趋势［J］.图书情报工作，2002（2）：37–38.

（1）基于电子邮件的服务模式。这种服务模式较为普遍，应用群体非常广泛。主要采用E-mail、FAQ 、Web表单等服务方式。

（2）基于实时技术的服务模式。建立网络聊天室、网络白板，组织网络视频会议，利用网络空间技术实施面对面互动交流，实时、形象地解答读者提出的问题。

（3）基于网络化合作的服务模式。馆藏资源是有限的，为满足社会民众日益增长的信息需求，图书馆应广开门路，探索网络化合作服务模式，建立虚拟参考咨询服务体系，促进虚拟参考咨询服务协同化、网络化发展。

（二）我国图书馆虚拟参考咨询服务的现实状况

我国图书馆的虚拟参考咨询服务的现况是怎样的呢？我们以山东省内的各类图书馆为例，从FAQ、E-mail、Web表单、电话咨询、文献检索课等方面，调查分析该省图书馆开展虚拟参考咨询服务的状况，如表2.1所示。

表2.1 山东省图书馆开展虚拟参考咨询服务的状况

虚拟参考咨询服务方式	提供虚拟参考咨询服务的图书馆数量（个）	占全省图书馆的比例（%）
FAQ	51	73
E-mail	70	100
Web 表单	19	27
电话咨询	70	100
文献检索课	23	33
其他	32	46

从调查分析结果可以推测，我国图书馆的虚拟参考咨询服务发展态势良好，大部分图书馆拥有独立的网站，能够提供E-mail、Web表单、留言本、FAQ和电话咨询等服务，服务读者的满意度不断提升，虚拟参考咨询服务质量正在提升，服务方式和服务内容逐渐被人们接受。但是，由于受到传统思想、设施设备条件、人员技术水平、投入经费等方面的限制，各类各级图书馆虚拟参考咨询服务工作水平参差不齐，存在着一些实际问题，主要表现在：

（1）网络数字资源的使用率不高，网络资源建设有待进一步加强。只有网速达到百兆以上，网络聊天室和网络视频会议的实时交互参考咨询服务才能正常进行，才能清晰地传递视频画面，才能实现页面推送和共同浏览等功能。随着社会主义先进文化事业的发展，我国图书馆网络资源建设效果显著，但受到客观条件的束缚，在传输速度、受众面上尚未达到理想效果，还需进一步完善。同时，由于我国图书馆在人员配置、宣传报道、建立制度等方面存在明显不足，“重建设、轻使用”观念的作祟，导致数据资源利用率低、虚拟参考咨询服务单一化。

（2）服务手段简单、服务内容单一。目前，我国大多数图书馆只是开展了异步服务项目，实时交互服务项目尚处于调试或简单操作阶段，还仅限于8小时工作时间内，未实现24小时全天服务，解答问题也相对滞后。同时，参考咨询中的被动服务面较广，专题检索、定题服务、科技查新等深层次服务面偏窄，服务形式单一，没有形成完备体系为读者提供专业服务，服务内容仍是传统性的。

（3）以个体图书馆服务为主，馆际交流与合作不明显。馆际交流与合作能够促进信息、人员、服务的优化配置和合理使用，交流与合作也是我国图书馆虚拟参考咨询服务的主要工作方式。目前，我国图书馆仍以单个图书馆服务模式为主，主分馆服务、馆际服务模式没有被普遍运用，馆员对外交流、参与合作的机会偏少。即使开展了交流与合作，也因馆舍、设施设备条件限制，服务效果不佳，虚拟参考咨询服务更是有名无实，效果不佳。

（三）我国图书馆虚拟参考咨询服务发展策略

1.高度重视

馆长是图书馆各项业务工作的“总导演”，馆领导重视与否直接影响图书馆虚拟参考咨询服务的效果与前景。面对虚拟参考咨询服务这一图书馆重要业务工作的发展前景，馆领导要及时更新观念，从制度、经费、人才等方面予以协助支持，还要秉承开放态度，强化馆际交流与合作，取他山之石，为我所用，促进共同发展。

2.经费保障

加强虚拟参考咨询工作，提高服务水平，需要在电子资源建设、专项培训、应用软件、宣传报道等方面投入经费。美国图书馆大力提升虚拟参考咨询服务水平，正是得益于经费投入的大力支持。目前，我国图书馆虚拟参考咨询服务没有专项经费的支持，经费短缺成为制约虚拟参考咨询服务正常开展的关键因素。因此，我国图书馆应发挥文化宣传与理论报道的优势，多措并举筹集资金，专款专用，切实解决困扰虚拟参考咨询服务发展的“瓶颈”问题。

3.队伍建设

虚拟参考咨询服务具有专业化、学术性、人性化的特点，这要求相关馆员不仅熟练掌握信息检索技术，还要具有二次整合文献和团结协作的精神。因此，馆员要进一步加强对用户需求的分析研究，开展针对虚拟参考咨询服务工作人员的培训，实施岗位资格认证，持证上岗。要加强馆际交流合作，学习先进经验，融会贯通，创新发展。只有相关馆员的专业技术水平提高了，虚拟参考咨询服务才能出效率，用户的信息需求才能得以满足。

4.扩大对外宣传

目前，我国图书馆虚拟参考咨询服务水平不高的一个重要原因是用户不理解、不认知，宣传效果不尽如人意。为推动虚拟参考咨询服务工作更好地开展，图书馆要通过新闻网、宣传栏、文献检索课等媒体，大力宣传，扩大信息用户的接纳范围，提升信任度，提高利用率。需要强调的是，文献检索课是高校图书馆虚拟参考咨询服务工作的重要内容。学生学习文献检索知识、研究电子资源检索方法、使用网络资源，能够提升信息素养，提高文献信息资源获取的能力，推动信息服务的开展。目前，我国高校图书馆的文献检索课在全校课程体系建设中的比重不大。我国高校图书馆应加大宣传力度，力争早日以公开课或者必选课的形式将文献检索课纳入全校教学课程体系。

三、我国图书馆服务于科学研究的制度管理模式

（一）图书馆在科学研究中的作用

高校图书馆是学校文献信息中心，是为学校教学科研服务的学术性机构。高校图书馆在学校教学科研工作中担负着重要职责，为师生文献信息获取提供服务，时刻准备着为学校教学科研工作提供信息资源。高校图书馆拥有丰富的学术文献资源，在服务教学科研上优势明显。据中国图书馆学会数据资料统计，我国科研工作所需的学术信息资源有70%来自高校图书馆，在新兴学科、新建专业的科研工作中，更有高达85%的学术信息资源来自高校图书馆。

1.文献信息是科学研究的原动力

科学研究的目的在于创造、创新。如何发挥科学研究的创造力、提升学术理论创新力，需要科学技术的支撑、先进思想的启迪，其中非常重要的一个方面是科学信息的支持。因此，科学人员必须不断地积累科学文化知识，充分利用现有的文献信息资源，有效开展科学研究，创新理论，创造成果。

2.文献信息是了解科研动态、把握研究方向的支柱

开展科学研究，创新学术理论，关键在于了解科研动态，掌握理论发展前沿，跟踪研究热点，把握研究方向，实施新技术、新方法的创造性研究。因此，收集最新科研情报信息尤为重要，我国某研究所在进行科学研究时，由于忽视情报信息收集工作，投入大量人力物力、精心研究的“以镁代银”新工艺，美国早在20世纪90年代就已经申请了这方面技术成果的专利。可见，收集科学信息，掌握研究动态是避免重复研究的关键。

3.文献信息是科学研究交流互动的关键性平台

世界是开放的，科学研究是无国界的。实践已经证明，关门搞科研是狭隘的。当今世界，经济全球化发展，科学研究需要世界范围内的团结、协作，哪一个国家开放力度大，其科学研究的发展速度就快。很多高、精、尖科研成果需要

多国科学家的共同努力才能研制成功。科学研究实现交流互动在很大程度上依赖信息平台交流，现场交流受时间和场地限制，而依托文献信息交流平台进行科研互动能够拓展交流的广度和深度。

（二）提高图书馆科学研究工作效率的模式

1.建立科学研究项目服务模式

图书馆要积极主动地对接研究者，关注科学研究的最新动态。对于科技工作者来说，科学研究项目随时都在更新，项目研究内容变化很大。图书馆是科学研究工作信息资源重要的来源地，图书馆应紧跟科学研究发展最新动态，采取积极主动的方式进行服务。图书馆作为教辅服务部门，应与科研人员积极配合，对各级各类研究项目进行摸底排查，开展定题跟踪服务，了解科研进展情况，满足科研信息需求。强化学科馆员智能化服务，为学科馆员配备一个或多个科研项目，全程跟踪服务，及时了解项目研究具体进展情况并快速向项目研究提供相应的文献信息资料，积极配合科研项目的研究和科研成果的转化。

科研人员完成课题研究任务之后，图书馆负责课题成果查新，这样能够客观判断课题成果真实状态，确定课题成果的创新性、应用性价值。课题创新为课题成果的应用性推广、创造社会价值提供了基础保障。目前，我国有近1/3的科研成果存在推广率低的情况，图书馆可以牵头构建科研成果数据库，与全国科技成果推广机构一起促进科研成果的生产力转化。

2.形成个性化服务模式

高校图书馆学科研究服务模式具有一定的特殊性。高校办学模式不同，导致科学研究错位发展，因而产生了一批特色学科，例如大运河文化研究是聊城大学的特色学科，在新中国学科兴起70余年来，薪火相传，经久不衰。为了促进大运河文化的顺利研究，聊城大学图书馆启动个性化服务模式，专设大运河文化藏品室，根据学科研究需要对文献资料进行分类整理，提供针对性强的课题跟踪服务。科学研究需要持续开展，研究成果也需要长期积累，设立科学研究成果资料室，将历年科研成果进行分类整理，有利于提高科研服务的针对性，便于了解科研成果研究进展，促进课题跟踪服务效果明显提升。

3.提升图书馆的数字化水平

图书馆数字信息资源库建设是国家文化建设发展的重点项目之一，主要是围绕学科方向和专业建设任务，收集整理和数字化处理各个学科的信息资源，为科学研究工作服务。当代科学技术飞速发展，科研成果井喷式涌现，交叉学科研究越来越普遍，相应的文献资料猛增，同一学科研究成果分布在不同类型的文献中，查阅一个学科的文献资料需要花费大量时间，而数字资源信息为科学研究带来了方便。图书馆通过信息检索，对所需要的信息资料进行筛选，再进行二次加工，这样就可以协助科研人员缩短查阅资料的时间，提高检索效率，这一措施对科研工作者具有积极广泛的影响。

第三节　我国图书馆学制度服务读者

一、德州学院图书馆服务转型与创新

2015年10月，教育部颁发《统筹推进世界一流大学和一流学科建设总体方案》，要求建设一批国际水准的一流大学和一流学科，全面促进从高等教育大国向高等教育强国的转型发展。全国各级各类高校纷纷响应，制定出具有特色，更有针对性的“双一流”建设实施方案。山东省是高等教育大省，按照国家建设一流大学和一流学科的总体要求，也颁发了《山东省有特色高水平大学和一流学科建设实施方案》。

德州学院作为一所具有50年办学历史的地方高校，以《山东省有特色高水平大学和一流学科建设实施方案》为契机，积极促进高校“双一流”建设。在国家政策的引导下，德州学院图书馆围绕学校中心工作，实施制度创新，转型服务模式，为学校“双一流”建设提供制度文化和信息服务保障。

（一）困境与机遇

历经50年的建设与发展，德州学院图书馆形成了以文学图书为核心、以理工科图书为重点的文献资源保障体系。然而与“双一流”建设的要求相比，德州图书馆在设施设备、文献资源、信息服务等方面还存在着一定的差距，具体表现为：

1.文献资源建设有待进一步提升

德州学院图书馆拥有文献230万册，对“双一流”建设的文献需求保障有力。但因长期存在购置经费短缺问题，图书工本费用上涨，地球科学、地质测量、量子测量等方面的图书很难在市面上买到，制约了纸质图书的补充性采购，也在一定程度上限制了文献资源建设的发展。

2.设施设备建设有待进一步完善

随着多年的文献采购积累，藏书空间明显不足。虽然采取了调整手段，如阅览室书刊整架、购置补充书架，但藏书空间紧张问题依然存在，需要配置更多的新书架。学校因资金紧张，图书馆还没有安装空调设备，学习、阅读条件较差，设施设备陈旧，师生反映强烈。

3.馆员队伍建设有待进一步加强

人员数量不足、馆员年龄偏大的问题一直阻碍着德州学院图书馆的发展，尤其是缺少专业技术人员，更是图书馆发展的“瓶颈”问题。近年来，虽然每年都在引进一名硕士及以上人员，但随着一些业务工作的调整，人员调离或退休，馆员数量明显紧缺，在一定程度上限制了图书馆管理和服务工作水平的提升。

（二）转型与创新

1.加强经费配置，推动资源建设

文献资源是图书馆的基本保障。没有丰富的文献信息不可能构成高校图书馆，没有一流的文献信息资源也不可能支撑学校“双一流”建设。[1]根据学校“双一流”建设要求，进一步优化纸质文献与电子文献的配置比例，保障经费投入效

---

[1] 胡光林.江西高校图书馆联盟读者需求与服务调查分析［J］.内蒙古科技与经济，2018（14）：110-111.

益，建设结构合理、特色突出的文献资源体系。不断创新信息服务模式，通过微信公众号、数字化信息平台推送荐购信息和新书通报，建立以读者为中心的文献保障和信息服务模式。

2.加强设施设备建设，优化馆藏布局

依据读者信息需求情况，优化馆舍结构布局，规划拓展藏书空间。适度增设电源插座，配备电子存包橱，引进售卖咖啡、甜点的营业摊点，安装空调设备，为师生提供舒适、温馨的阅读学习环境。根据入馆读者日益增加的情况，增添优质书架和阅览桌椅，更新检测设备，升级门禁系统，建立借阅一体的智能化馆藏服务体系。

3.加强信息化建设，构建智慧图书馆

按照系统升级要求，添置性能更为优良的服务器，组建服务器集群，将技术服务虚拟化，提高数据中心存储系统能力，整合数字化业务工作系统，形成云架构平台。以大数据技术支撑图书馆数据中心建设，建设虚拟IT基础架构系统，整合数字资源，实现多变一，构建安全、效率的整体系统架构。实现场所与智能化管理的有效结合，全力打造一个无限广阔的智慧图书馆体系，实现文献信息服务和制度管理的智慧化模式运行。

4.加强制度管理体系建设，提升服务水平

通过互联网，利用多媒体、自媒体技术，强化在线咨询服务功能，多方式、多层次地服务读者。以服务“双一流”建设为中心，重组岗位配置，将业务和人员倾向于“双一流”建设，进而更加高质量地提供文献信息服务。图书馆要科学规划，合理配置文献，增加专业技术人员，以此满足图书馆发展需要。通过业务培训、在职教育，提高馆员业务素质和专业水平。进一步加强馆员的思想道德教育，倡导爱岗敬业，鼓励先进，鞭策后进，带动提高文献信息服务水平。

根据我国学科专业建设新发展情况，不断修订和完善图书馆规章制度，促进图书馆制度化和规范化管理。组织馆员学习、借鉴国内外管理经验，激发馆员的创造性，将探索得到的经验逐步形成制度化的措施。

二、我国图书馆人事制度改革与创新

我国图书馆人事制度改革是地方行政人事制度改革的重要组成部分。通过调查研究发现，我国图书馆人事管理机制相对滞后，基层图书馆没有用人权、奖惩权和晋级权，没有形成竞争的良性机制，这在很大程度上制约了图书馆人事制度的改革，限制了我国图书馆事业的良性发展。只有组织实施人事制度改革，加大放权力度，才能促进图书馆整体发展。[1]

（一）我国图书馆人事制度改革的环境与条件

图书馆是社会文化机关的直属单位，是社会组织的二级单位，图书馆本身不设单独的人事部门。为此，图书馆的人事制度改革要在更高一级政府行政人事制度改革的统一规划下进行。从图书馆制度建设来看，图书馆缺乏有效的物质、精神激励措施，领导干部能上不能下，职称评聘不独立、不灵活。另外，图书馆部门职责、工作分工不明确，高技术、专业性强的工作无人去开展，需要进一步实施组织结构改革。从行政人事制度改革的环境来看，我国图书馆是全社会人事制度改革的组成部分，改革已经逐渐启动。

（二）我国图书馆人事制度改革的目标和模式

我国图书馆人事制度改革的基本思路是从图书馆实际出发，定编、定岗，全员聘任，减员增效，突出重点、分步实施、稳步推进。总体目标是遵循精简、统一、高效原则，建立科学用人机制，调动馆员的积极性，提高工作效率。通过改革与创新，建立工作效率高、协调有力、运转灵活、适应图书馆工作规律和现代图书馆所需要的内部管理体制和运行机制。

坚持馆长负责制下馆、部两级管理体制。传统图书馆的人事管理制度是由馆长全面负责，大小事都由馆长定夺，这种集成式的管理体制使馆长陷于琐事之中，导致其无更多精力考虑图书馆事业发展事宜。由集中管理转为分级管理，将

---

[1] 柳较乾.新时期地方高校图书馆发展的思路［J］. 十堰职业技术学院学报，2002（1）：5-9.

部分人事权和分配权下放，可以实现责、权、利的有机结合，形成高效、规范、融通的管理体制。

将任命制度变为竞聘制度。任命制度是计划经济体制下的权力分配制度，这种分配制度考虑个人爱好和专业兴趣的比例偏低，最大弊端是不能做到物尽其用、人尽其才。市场经济体制下的人才管理模式是竞岗聘任制。通过竞争聘任上岗，能够充分发挥人的主动性，优胜劣汰，让优秀人才脱颖而出，进一步促进工作效率和服务质量的提高。

划分岗位层次，设定岗位级别。计划经济体制下的工作岗位无层次、等级之分，所以人们趋向选择二线工作。二线工作是图书馆内在业务工作，与读者打交道偏少，如采编、参考咨询等工作。相比之下，一线工作要求严格，劳动强度大，直接面对读者，需要倒班，甚至上夜班。现代技术的快速发展，促使图书馆藏书由纸质资源向数字资源转变，图书馆服务功能不断扩展。对于基层图书馆来说，一线工作人员逐渐在减少，一旦图书馆自动化管理系统有故障，就会影响图书馆的正常运转，而图书馆一般部门缺少人手，工作照样运转。这说明现代技术支持的图书馆存在有层次、有级别的工作岗位。图书馆人事制度改革的目的就是以岗位工作的重要程度为标准，工作分档次，享受不同岗位津贴。

（三）我国图书馆人事制度改革的主要内容

1.建立专业技术人员聘任制

实行专业技术人员聘任制是我国人事制度改革的重点。由于聘任岗位有限，一些优秀人员难以顶岗任用，这挫伤了工作人员的积极性，为此需要对人事制度进行改革和创新。对被聘人员，应该在聘期内完成并达到岗位工作任务目标后方可继续聘任。此外，对于确实优秀但因名额有限还不具有专业职称资格的，可预聘任并给予相应待遇。用人要看其长处，量才而用，管理者的能力体现在知人、用人两个方面，建立岗位聘任制实施公开招聘、平等竞争、择优聘任，契约管理[1]，保障优秀人才脱颖而出，让想干事、能干事、干成事的人担当重任，为他们

[1] 刘懿.高校图书馆人事制度管理体系研究［J］.辽宁师范大学（社会科学版），2003（3）：17-18.

施展才华提供良好的发展环境。

2.实施岗位目标考核制

我国图书馆要建立考核机构，制定考核程序，实行民主公开的考核机制。为保证考核的公正性，图书馆的考核机制要在学校人事部门和图书馆党总支部的参与监督下进行。考核实行分值制。在全面考核的基础上建立激励机制，奖励做出突出贡献的馆员，鼓励其他馆员积极工作，更新业务知识。提供更多的进修机会，加大业务培训力度，提高专业技能，促进馆员业务能力的提升，以适应新时期图书馆发展的要求。

3.执行灵活多样的用人制度

鼓励馆员自主选择岗位，自由上岗，赋予其自主权。我国图书馆的人员组成分为三种类型：一是业务技术骨干。人员数量较少，工资、福利待遇较高，是管理、技术工作的主要操作者。二是一般工作人员。实行聘任制，工资、福利待遇一般，完成图书馆的一般业务性工作。三是临时工作人员。从事勤杂工作和非技术工作，主要由职工家属组成。一些学校图书馆为了解决人员不足的问题，招聘勤工助学的学生从事书库、阅览室的工作。实施灵活多样的用人制度是确保图书馆工作顺利开展的关键。

第三章
我国图书馆学文化共享机制的建构

第一节　我国图书馆学现代个体与现代共同体关系的重构

在我国图书馆学理论研究中，现代个体与现代共同体关系的重构是一项时代感强的理论课题。我国图书馆学发展40多年来，随着我国改革开放的深化，同时在社会现代精神的反思与批判下，重构现代个体和现代共同体关系一直是我国图书馆学界热议的理论焦点。从卢梭的“自由与平等的理想”到黑格尔的“理想的社会”，他们提出的现代共同体的重构，以及试图以此解决现代化危机而配置的理论观点成为反对自由主义和个体主义的有力工具，并且仍然在现代个体与共同体关系的重构中发挥着作用。然而，现代个体与现代共同体关系的重构在我国图书馆学中不是简单地依靠现代共同体重构的路线就能顺利达到目的的，而是要具备一种既要避免陷入现代化危机又能实施个体与共同体关系的现代化转型的解决方案。这就要求在我国图书馆学理论研究中合理认识关系本质并对其关系的张力进行合理把握和运用。以现代共同体为重建目标的方案未能解决对现代个体与现代共同体关系的合理认识、把握和运用的问题。马克思主义批判了从卢梭到黑格尔的现代共同体重建的思想认识和问题意识，在把握现代个体与现代共同体关系的本质性认识和实际性规律的基础上，解决了我国图书馆学现代共同体主义的实践误区和理论缺陷，进而为解决我国图书馆学现代个体与现代共同体之间的关系问题提供了参考依据。

一、以共同体为基础的我国图书馆学现代个体与现代共同体关系的重构

共同体作为现代社会关系的基本形式，是社会科学发展赖以存在的基础，同时，社会关系是理论学科关系的基础。在不同的历史阶段，我国图书馆学社会关系内涵具有不同的意义，个体与共同体之间的对立张力程度也不同，这是因为我国图书馆学不同时期的哲学理论认同和哲学理念发展具有不同特点。尽管如此，随着我国图书馆学的现代化发展，由此而强化的自由性追求和个体的独立性张扬，使我国图书馆学现代个体与现代共同体和谐关系被打破并进入关系紧张、危机重重的境地。也因此，以共同体为基础的我国图书馆学现代个体与现代共同体关系的重构成为诸多学者探讨和关心的理论问题。

我国图书馆学个体与共同体的关系向现代化转型，主要表现在主位共同体向主位个体的转变上，然而个体上升为主位引发共同体的分裂以及个体与共同体之间关系的对立提醒着理论研究学者们要重新建构两者之间的关系。在前现代时期，我国图书馆学的个体与共同体的关系是自然生成的，然而对共同体的认同阻碍了个体意愿的出现，个体与共同体之间的对立在共同体实体存在的状态中显现，因此，两者关系的自然生成性统一于共同体中是不争的事实。进入新时代，我国图书馆学个体的主体性有了中心地位并成为现代个体与现代共同体之间关系的新起点。我国图书馆学的现代个体的转向，使得现代共同体内在的自生矛盾逐渐被激化，现代个体与现代共同体之间的关系呈现紧张、复杂的状态。一方面，“游子性个体”引发的自由主义价值观冲击着现代共同体的整体观，隐藏了个体之间关系的互溶性，引发了一些因为缺乏必要联系的对立和冲突。另一方面，现代个体看起来表现出了自由性和独立性，实际上却存在着生存的危机，表面化的自由和独立是空虚的和异化的，其存在意义逐渐变得非伦理化。因此，在表现现代个体自由和独立的社会环境中，我国图书馆学必须反思与批判现代个体与现代

共同体关系的问题性，并将构建新型现代共同体作为现实需求的时代任务。就像保罗·霍普所说的那样："在当前世界里，个体主义精神普遍缺乏安全感，重建共同体应该成为一种迫切的时代之思。"[1]实际上，我国图书馆学现代个体与现代共同体关系的危机化问题自进入新时期就已经出现并为图书馆学理论家所洞察与反思。

卢梭的"契约共同体"是最早时期的两种社会共同体建构方案之一，它们的影响非常深远。卢梭作为第一位自觉反思启蒙现代化的思想家，他认为人类社会的自由和平等并非源于人类先天的自我本性，因为人的先天本性不可能为社会建章立规，只能以启蒙理性代替欲望，这是一种社会共同体的初始道德状态。为此，图书馆学所拥有的"平等的价值观"和"自由的保障"是通过契约而建立起来的，图书馆学体系内的所有可以实施的权力都进入共同体内，对于每一个个体来说是平等的、自由的，因而契约共同体会以其权力的运作来保障个体的平等和自由。图书馆学的契约共同体代表着学科理论公共性和善行为的公益性，个体的平等和自由置于公共性和公益性的规范之下。在具有"公意"形式的共同体面前，个体主义、自由主义、利己主义是不可能"肆意妄为"的。面对我国图书馆学现代个体与现代共同体关系的危机化问题，卢梭提出的以共同体权力契约实现个体的平等化、自由化的现代化规划方案，对我国图书馆学的现代化发展产生了影响，马克思主义在一定程度上继承了这种共同体主义的价值观。

按照共同体主义自由观，我国图书馆学家思考了个体自由和公共利益的对立统一问题，我们将图书馆学的个体性与公共性对立关系的解决寄希望于共同体契约的构建上。在卢梭看来，自由不是抽象描述的形式化约束，也不是浪漫色彩的道德约束，无论是抽象的还是浪漫的都不会实存，必须以伦理的制约为抽象和浪漫承担责任和夯实基础。但是，如果我国图书馆学欠缺人的主观上的判断或者仅通过主观上的判断来维持共同体的契约，那么所造就的个体的平等性和自由性是缺乏现实性的。我国图书馆学个体的平等性和自由性成为现实性，即为趋向伦理化，主观和客观在"善"上的统一就是伦理化。只要我国图书馆学进入伦理化

[1] 保罗·霍普.个人主义时代之共同体重建［M］.沈毅，译.杭州：浙江大学出版社，2009：5.

的理念范畴之内，现代个体就能实现与普遍性精神的统一。尽管现代社会的进步促进了人的独立性的快速形成，但是社会个体的自私性导致了社会成为私欲角逐的“战场”，为此，现代共同体内实现基准性的落实是非常有必要的。个体的盲目性、自我膨胀性是落实平等和推行自由的“拦路虎”，只有将我国图书馆学的这种伦理共同体契约上升为国家意识形态，才能保障在现代社会环境中现代个体获得平等、自由。“国家的政治力量在于普遍的最终目的和现代个体利益的统一，成为国家成员是每一个现代个体的最高义务。”❶

如今，共同体主义精神已经为我国图书馆学所继承，并在对抗和反击自由主义中发挥着重要作用。社会实践也已经证明，这种以伦理价值观为契约的共同体主义思想存在着理论上的重大缺陷。根据现代图书馆学中个体主义和中心主义的出现引发现代共同体衰微的情况，可以判断，以现代共同体的确立来保障现代个体的平等、自由，以重构现代共同体来解决现代个体与现代共同体的对立关系无疑是正确的。但是，在我国图书馆学内部，重构现代共同体的运行方案未能达到解决现代化危机的目的。在卢梭的契约共同体方案中，仅是说明通过现代共同体契约实现现代个体自由是一个政治性问题，但是没有能够推出密切现代个体和现代共同体关系的现实路径。现代共同体自由并不是现代个体自由稳定的前提保障，西方图书馆学通过权力解放建立了自由政治意识形态，但是许多个体并没有因意识形态的权威性获得多少平等和自由，“公意”最终成为西方图书馆学实施政治权威的措施工具。卢梭的“契约共同体”是唯心主义的思想表达，本质上是绝对理性的自我主义，由此，理性的力量不是最终的现实推动力，理性为图书馆学解决个体与共同体对立关系只是唯心主义价值观的前提条件，这样将会失去我国图书馆学改变世界理念的可能性。即便我国图书馆学根据共同体主义理论，提出现代个体与现代共同体关系重构的方案，方案也难以落实，这是因为没有从马克思主义科学方法论的前提条件出发，因此无法实现对自由主义和个体中心主义的超越。我国图书馆学现代个体和现代共同体关系重构的前提是，要在马克思主义关于个体与共同体共生关系的基础上得以确立，我国图书馆学共同体的重构必

❶ 黑格尔.法哲学原理［M］. 范扬，译.北京：商务印书馆，1961：85.

须进入马克思主义共同体哲学理论的视域之内。

二、我国图书馆学现代个体与现代共同体关系重构的前提保障

我国图书馆学现代个体与现代共同体之间关系的重构必须从具有科学方法论的前提出发，即必须对现代个体与现代共同体之间的实质性关系做出科学判断，并对两者关系的发展张力进行实质性把握，这样才能明确重构原则和目标，为我国图书馆学现代化发展提供理论指引。

卢梭的共同体主义思想的重构方案没能对现代个体与现代共同体之间的关系做出科学判断，也就是这一问题的存在让马克思主义的共同体哲学与卢梭的共同体主义有了根本的区别。卢梭通过契约来建立个体与共同体的关系，犹如后来被传统哲学家视为独立个体所掌握的“渔夫”和“鱼鹰”一样，只是造成了理念上的假象，契约建立的共同体不能真正印证现代个体与现代共同体之间的关系实质。

马克思主义主张，个体与共同体的关系产生并存在于人类社会生产实践活动中，人们应该从社会精神本质存在方式上对现代个体与现代共同体关系进行现实性把握。为此，我国图书馆学重构现代个体与现代共同体之间关系的真正出发点是“现实社会中的个人”。物质生产作为第一位的社会活动决定着社会进步的程度，从而决定着人的活动本质以及与社会共同体之间的逻辑关系。在马克思主义思想中，我国图书馆学的现代化本质是人的社会属性和共同体价值，是人被对象化或者人在实践中表现出来的社会物质活动过程。我国图书馆学基于现代化发展而产生的共同体，是现实状况中个体方式的集合，是与以人为主位方式相一致的共同体主体性的实现形式。我国图书馆学的现代化发展需要拥有共同体，个体性和共同体性是我国图书馆学在社会实践中的两个重要属性，因此，反思、把握两者之间的关系不能运用偏向抽象的形而上学思维，而是要运用马克思主义辩证法的具体逻辑思维。我国图书馆学认为现代个体与现代共同体不是简单的对立关系，而是一种辩证统一的和谐共生关系。

我国图书馆学的现代个体与现代共同体之间的共生关系在图书馆学历史发展过程中的表现形式是不同的，其关系张力的表现在我国图书馆学现代化发展中有着明显的规律性。“共生”表达了我国图书馆学现代个体与现代共同体关系的事实存在，在迄今为止的各个发展时期，我国图书馆学的个体与共同体之间的共生关系表现出一种不全面的运行态势。在前现代时期，我国图书馆学的共生关系表现为个体依赖于共同体的自然生成性，个体表现了依赖性和从属性。这一切决定了我国图书馆学是实际的共同体架构，而个体只是共同体结构中的一个显要因素。在现代时期，现代社会生产方式解构了自然经济，社会生产是为了创造交换价值，交流与变换成为我国图书馆学的主导形式，这也说明具有独立特征的现代个体已经参与了现实社会的生产和生活，“个体是共同体的一个因素”转变成“个体对共同体的改造”，“人的社会关系转化为物的社会关系，人的能力转化为物的能力”[1]，使得我国图书馆学“人学”的共同体转化成为“物学”的共同体。我国现代图书馆学的共同体感性的效果淡化，对个体的限制范围在缩小，但同时在更大社会性范围内产生一种“资本共同体”来实现对社会关系的控制。由此，个体与共同体的共生关系在我国现代图书馆学里也是一种未竟的状况，因为在现代化的社会里，个体的强大是以共同体的弱化为代价的，而且个体的主体性和共同体的主体性共同演化为资本的主体性。我国图书馆学的个体受“资本共同体”的控制是现代化阶段表现。在这一阶段中，个体的自由与平等得到了理性精神的支持，却出现了共同体被质疑、共同精神没落的困境。

在唯物史观的境遇中，历史的进步抛弃了“资本共同体”的人性控制。个体与共同体的关系在新的物学基础上实现了和谐共生，这也是我国图书馆学现代个体与现代共同体关系重构的必然之路。对我国图书馆学个体与共同体关系的重构等同于对社会关系的重构，“对全世界内的物质利益关系实施变革，而且还是革命性的，这样可以把人们从世界资本主义的禁锢中解救出来”[2]。这也要求对整个

❶ 马克思，恩格斯.马克思恩格斯文集：第八卷［M］.中共中央马克思恩格斯列宁斯大林著作编译局，编译.北京：人民出版社，2009：126.

❷ 刘同舫.构建人类命运共同体对历史唯物主义的原创性贡献［J］.中国社会科学，2018（7）：10.

图书馆学的制度进行建设，对文化理念进行变革。我国图书馆学应该是个人原则和公共原则内在统一到极致的一种制度安排。从现代个体与现代共同体之间关系的张力状况可以看出，我国图书馆学两者之间关系的重构应是以社会制度的革新和社会生产创造为动力的，只有革新制度、创造生产，才能摒弃对人性的制约，促使我国图书馆学的个体与共同体关系远离困扰，和谐共生发展。

马克思主义思想中“个体与共同体共生关系的理论判断”为我国图书馆学两者关系的重构提供了前提保障，既在存在论上通过对两者之间关系的确定说明了两者关系的实质，又在唯物历史观上通过对两者之间关系张力的阐述指明了重构思想的方向。现代个体与现代共同体之间是一种共生关系，然而在我国图书馆学现代化状况中，必须通过制度创新，实现对旧有制度的超越，才能保障我国图书馆学这种共生关系得以显现和重构。通过科学的前提保障，我国图书馆学现代个体与现代共同体之间关系的重构已经走出了共同体主义的理论困境，为理性社会冲破现代化危机提供了合理的建设之路。

三、我国图书馆学现代个体与现代共同体关系重构的国家智慧

在我国图书馆学的现代化发展中，现代个体与现代共同体关系重构是必由之路，要从马克思主义科学发展观出发，运用马克思主义在处理个体与共同体关系上的思想智慧，促进我国图书馆学现代个体与现代共同体关系和谐共生的发展。目前在世界范围内的个体与共同体关系尽管主要表现在资本主义现代化的危机上，但它是一个时代关系的问题，因此，我国图书馆学现代个体与现代共同体之间关系的重构，不仅是对我国图书馆学个体主义自反性的反思与批判，更是反映出我国图书馆学走出逻辑思维困境、超越理性精神的价值理想诉求。作为一种具有社会主义性质的学科形式，我国图书馆学拥有比资本主义的图书馆学更加高级的文明形态。我国图书馆学在马克思主义“解决个体与共同体之间关系思想”的指导下，对图书馆学理论学科的现代个体与现代共同体关系的重构充分显示出了中国的思想智慧。这不仅是为了规避重蹈西方现代图书馆学的价值观危机，更是

为了彰显我国图书馆学参与全球现代化理论对话的积极作用和重构全球理论秩序的引领力，我们必须为世界文明进步提供中国智慧和中国方案。

我国图书馆学现代个体与现代共同体关系的重建所提供的中国智慧，源自马克思主义科学发展观和中国实际的结合。在当前的世界里，图书馆学个体与共同体关系的危机化表现，从制度安排上说，是由现代社会的自反性膨胀所引发的，因此我国图书馆学只有以马克思主义为指导，才能彻底解决图书馆学个体与共同体关系的危机问题，也才能进一步促进我国图书馆学文化方向的确定与文化转型的实施。在资本主义制度带来的个体与共同体关系危机化面前，我国图书馆学的现代化实践方案在制度规划上超越了资本逻辑的现实性，将马克思主义科学发展观与我国传统文化精神相融合并融入中国特色社会主义文化建设与发展之中，切实解决个体与共同体关系问题并提供关系重构的智慧经验。从理论精神的意义上讲，马克思主义科学发展观赋予的我国图书馆学现代个体与现代共同体关系重构的智慧选择，已经使得我国图书馆学具有了跨越自由主义和共同体主义的科学性，这样，我国图书馆学现代个体与现代共同体关系的重构智慧与追求和谐、崇尚大同的中国文化思想达成了默契和共鸣。从社会实践意义上讲，我国图书馆学现代个体与现代共同体关系重构的智慧选择，是基于中国特色社会主义文化制度长期致力于精神文明与和谐文化的积极主动的实践经验。由于具有牢固的社会实践基础和强大的社会主义制度支撑，我国图书馆学充分体现了以探索新式现代化道路为方向的理性价值观。也正是在当代中国理论创新环境中解决了图书馆学个体与共同体共生关系问题，才使得我国图书馆学达到了历史与实践的统一，通过具有中国特色的个体与共同体关系重构智慧，实现了我国图书馆学对时代理论和时代精神的创造性回应。

我国图书馆学在重构现代个体与现代共同体关系中所体现出来的中国智慧来自马克思主义的科学理论。我国图书馆学面对个体与共同体关系的危机化问题，明晰了解决问题的基本情况，我国图书馆学现代个体与现代共同体关系的困境表现在人与社会关系的对立与膨胀上。人的行为对社会共同价值观的消解，已经成为正在进行现代化转型的我国图书馆学所面临的现实问题。我们知道，随着经济全球化发展，我国已经进入了世界个体化经济发展的进程。个体化作为图书馆学现代化进程中的一种活跃因素，其在表现独立性和自由性上具有积极的意义，但是也因此存在着风险和出现过困境。个体化若不为社会公共精神所限制，就会影响社会共同体的和谐与有序。为规避个体主义的膨胀和自由主义的泛滥，图书馆学的个体化操作需要以公共性的制度落实程度提高和理性精神的提振来应对。但是，我国图书馆学由于传统文化的滋养和社会主义制度的建立而避开了个体主义价值观的影响，图书馆学现代化发展进程中的个体化演变始终受到共同体伦理价值观的限制，这也要求个体与共同体关系的重构要顺应中国社会关系的独特性、中国本土化的方向性和关系重构的中国智慧。

对于社会制度的建立来说，我国图书馆学基于社会主义制度重构个体与共同体的共生关系，也是在进一步构建和谐的社会形态共同体，在社会主义制度的优越性下体现我国图书馆学个体与共同体和谐共生关系的存在。马克思主义个体与共同体关系思想给予我国图书馆学现代化发展的重要启示是，现代个体与现代共同体关系的革新与重构既要遵循和谐共生的价值观规律，又要筑牢在现实社会制度规范下的永恒发展。就前者而言，由于我国图书馆学的现代化发展存在着个体主体的独立性、自觉性能力欠缺的情况，因而其个体与共同体关系的重构不会回溯到前现代的传统共同体本位原点，因为传统共同体本位会使个体与共同体关系成为一种虚幻的集体主义，这是不契合现代化转型要求的；也不会走向个体自由主义方向，因为自由主义会轻易地将个体引入自反性的困境，有可能走向个体与共同体关系构建方向的对立面。我们要规避自由主义的个体化方向，在我国图书馆学的个体性价值和共同性价值之间保持一种和谐的张力，并要一直沿着个体主体与社会公共主体融合确定的方向前进。就后者而言，社会主义制度的制定与实施为我国图书馆学维持现代个体与现代共同体和谐共生的关系提供了根本保障。从批判意义来讲，我国图书馆学只有对资本主义文化制度实现整体的超越，才能把个体与共同体的关系从资本逻辑中解放出来，两者关系才能得以和谐共生地重构。

对于理念发展全球化而言，我国图书馆学运用中国智慧来理解人类社会内在主体之间的关系，以此为世界文化精神的建设提供中国方案。我们知道，个体精神在不一样的社会范围内表现的特征也不同，狭义的“个体”是以独立人为单位的，而广义的“个体”是指共同体内含有的一个有机组成部分。由此，当我国图书馆学具备最高层次的广义个体主体时，社会理念诉求和国家精神表达之间的关系就成为我国图书馆学现代个体与现代共同体关系表达的形式。在历史现实与价值诉求相融合的和谐共生范畴内，我国图书馆学不仅反映出了人的现代个体和社会的现代共同体之间关系的本质，也反映出了广义范畴内的个体与共同体之间关系的本质，这两种关系本质上都有“个体性”和“共同性”关系的内核。我国图书馆学现代个体与现代共同体关系重构的理念智慧是在推动现代化发展和引导社会理念进步中得以表现的。图书馆学的马克思主义中国化和我国图书馆学的现实社会实践“在立足中国发展问题和具体实际以凸显本土解决方案‘中国特色’底蕴的同时，又立足于国际视野、依循世界历史的发展潮流以观照人类文明演进与人类前途命运”[1]，体现了我国图书馆学的现代化发展是与人类社会进步共生互融的。在我国图书馆学所提出的治理世界理论的中国方案中，个体主体的理性张扬以及共同体主义的价值理念被用于世界社会文明的事实性表达和价值理念的提升，我国图书馆学致力于重构一种平等自由的世界文化新秩序，以此来实现全球化的图书馆学的共同体利益和公共性价值。现代个体与现代共同体关系的重构已经促使我国图书馆学发出中国智慧，这必将在国际社会文化融合的场域内提升文化自信力。

我国图书馆学共同体治理实现现代社会文化精神治理的转向，其核心要义在于现代个体与现代共同体关系的科学化重构。由于作为人的个体主体与作为社会的共同体之间关系的复杂性，我国图书馆学现代个体与现代共同体之间的关系经过重构已经从复杂性中脱颖而出成为最基本的关系，而且这一关系也随着现代化的发展而愈加重要，因为这一关系构成了解决图书馆学历史问题的前提条件。马克思主义的社会批判理论包含着对个体与共同体关系进行科学阐述的理论思考，为我国现代图书馆学现代个体和现代共同体关系的重构提供了科学的理论前提。我国图书馆学要以此前提为出发点，为现代社会共同体治理以及世界文化理念重构提供中国智慧和中国方案。超越个体自由主义和共同体中心主义的局限并主张

[1] 刘同舫.马克思主义哲学中国化70年及其历史贡献［J］.四川大学学报，2019（4）：10.

个体与共同体和谐共生的中国理论智慧，对世界图书馆学规避现代化危机具有重要的指导意义。

第二节　我国图书馆学文化共享机制的建构

习近平新时代中国特色社会主义思想明确提出了共享发展的理念，而文化共享则是在共享发展理念指引下全面落实社会主义文化实践精神的应有之义。在文化共享理念的前提下，我国图书馆学构建文化共享机制，其出发点在于促进社会民众自由平等地参与文化建设，满足文化需求，提高文化素养。通过构建我国图书馆学文化共享机制，可以积极地倡导社会基本文化权益保障理念，促进公平，维护正义，让人民群众共享改革发展成果。新时代我国社会主义文化事业蓬勃发展，文化产品数量持续增长，文化服务和供给的体量空前扩大，在这种情况下，我国图书馆学如何创造更多的文化条件，构建文化共享机制，实现文化资源和文化产品的共享，成为新时代我国图书馆学文化生态建设的重要课题。当前，我国构建图书馆学文化共享机制已经实施了制度安排。国家引导文化实践和建设，形成多元主体合作共建，履行服务责任，构建互助、协调发展的图书馆学文化共享机制。

一、我国图书馆学文化共享机制构建的理论基础

20世纪80年代，西方社会公共管理发生了重大变革，新型公共服务治理理论应时而生，并以积极的姿态应用于社会文化建设的实践领域。新公共服务理论、新公共治理理论为构建多元主体共担、合作互助、协调发展的我国图书馆学文化共享机制提供了参考与借鉴。

（一）新公共服务理论

新公共服务理论产生于西方国家实施政府改革、开展公共管理活动的过程中。新公共服务理论致力于精简职能部门，发挥市场经济体制的调节作用，提高

社会公共服务供给的效率。在社会公共服务领域以市场化运作的方式将政府行政部门职能与市场化运行功能相融合，以提高社会公共服务的能力，以此健全一系列社会文化公共服务的创新性制度安排。在切实精简社会职能部门方面，我国图书馆学所能借鉴到的理论经验是通过松弛规则，改革事务管理制度，以行政分权的形式统筹部门内部服务管理机制。与此同时，我国图书馆学还可以引入服务导向、绩效测评等公司化管理理念，以此来实现我国图书馆学文化治理由传统行政管理方式向现代公共管理方式的转变。在新公共服务的创新理念下，我国图书馆学得到3个方面的启示：一是强调我国图书馆学自身的服务角色，而非行政管理的角色。实现现实社会文化共享是我国图书馆学实施文化治理的重要职责。二是社会民众是我国图书馆学文化共享机制建设的中心，图书馆为社会民众提供文化服务，关注社会公共服务中的公正、公平，关注社会民众在图书馆学文化建设中的利益需求。三是弘扬公共文化精神，注重文化公共利益观，重视与社会民众文化精神、文化理念的协调、交流、合作，以此提升图书馆学文化服务水平和文化治理的尊严和价值。

（二）新公共治理理论

新公共治理理论产生于20世纪80年代的社会新理性时期，广泛应用于图书馆学领域则是在21世纪初。随着现代文明的日趋成熟，“治理”的意义被重新界定，美国学者詹姆斯·N.罗西瑙认为，治理与政府统治在目的性、规则性上有相同之处，但两者的含义却有很大差异，“政府统治表现出行政权力和警察力量的能力，以保证既定政策得以执行。治理表现为以统一的行为实现共同的目标，目标未必符合合法的或者规定的职责，而且治理也不一定需要依靠强制力使别人服从”[1]。为此，我国图书馆学对“治理”概念的解释是治理是公共服务机构管理社会事务的方法与策略。我国图书馆学文化治理，有其自身的理念认同：一是政府是治理主体，社会民众的认可度高，同时，民间公共服务机构可以参与到文化治理的过程中；二是在解决社会现实文化问题中，认识到文化治理在界限和职责两

---

[1] 詹姆斯·N. 罗西瑙.没有政府的治理：世界政治中秩序与变革［M］. 张胜军，译.南昌：江西人民出版社，2001:4.

个方面的交叉性，明确政府职能部门与社会民众的合作关系；三是关注文化治理对象的参与状况，革新线性管理模式，形成强自主性的文化治理网络体系；四是文化治理的手段和方法要实施创新，以适应公共文化事业的现代化发展。

新公共服务理论和新公共治理理论为我国图书馆学的文化治理提供了科学的理论依据，并促使我国图书馆学文化建设显现出以下特征：一是公益性突出。把落实和维护公共文化利益作为文化治理的目的，注重文化治理效益，突出文化建设的公平性、公正性。二是重点表现了治理主体的多元化。在我国图书馆学文化治理中，既要坚持政府管理的主导地位又要调动社会民间文化组织参与治理的积极性，不断提升社会民众的参与度，充分调动社会各方力量，形成文化管理的“善治”格局。三是文化治理手段与管理方式创新发展。紧跟时代发展潮流，借鉴现代管理技术，创新我国图书馆学文化治理手段。通过政府与社会机构、民间组织交流合作，发挥我国图书馆学文化治理功能，在政府文化职能部门和社会、民间组织之间形成了互信纽带，这也为提高我国图书馆学文化服务水平和文化治理效率、构建文化共享机制提供了理论借鉴。

二、我国图书馆学文化共享机制构建的基本原则

在新时代历史定位下，文化共享是以人民为中心的社会主义先进思想在文化治理上的切实反映。新时代中国特色社会主义文化建设就是坚持文化服务于人民群众对美好生活需要的价值方向。为此，我国图书馆学构建新时代的文化共享机制必须坚持以人民为中心的基本原则，并将其与公平正义价值原则、实现人民文化利益需求原则相统一。

（一）发展原则：以人民为中心

在世界文化的历史长河中，关乎社会发展宗旨、方向、目的的认识，经历了“以物质为中心”到“以自由为中心”的变化过程。1987年2月，世界环境与发展委员会发布了《我们共同的未来》的报告，明确了“可持续发展”的概念。报告指出：“可持续发展是既满足现实需求又促进未来进步的发展。不管是发达国

家还是发展中国家，无论是市场经济国家还是计划经济国家，经济进步与社会发展必须根据可持续性的原则加以认定，内容阐释可以不一致，但必须符合共同的特点，必须从可持续发展的基本内涵上和实现可持续发展的战略上谋求共同认识、统一出发。”[1]随着《我们共同的未来》的发布，我国图书馆学在社会文化实践中逐渐把观察与认同的视点从“物”转向了“人”，可以说，这种转换代表着一种新观点，它是整体的和内生的。整体性体现在我国图书馆学在实施各种具体措施之外，还要分析整体的人类社会，结合人类社会的普遍联系关注各个方面的差异性。1995年3月，联合国社会发展问题世界首脑会议通过了《哥本哈根社会发展问题宣言》，提出“建立一个人人享有基本健康的服务体系，创造一个推动社会发展的经济、政治、文化环境，制定一个平等享有良好教育、促进身心健康的标准”，以此作为推动世界人文社会发展的最终目标。当前，我国图书馆学构建文化共享机制就是要立足“满足人民群众文化需求”，以及铸牢新时代中国特色社会主义文化思想的新动向和新需要，既发挥国家社会文化高地建设的参谋作用，又满足社会不同群体对文化的多样化需求。

（二）价值原则：彰显公平正义

公平正义是我国图书馆学进行文化治理的首要价值表现，就像真理是科学思想的首要价值表现一样。在我国古代社会，公平正义的思想是通过仁义、德行和礼仪来表现的。儒家思想主张人与人之间的敬与爱，把“仁”视为一种高尚的道德观念和至高的思想境界，实现“仁”的作为就能达到公平正义。宋明理学认为，“理”是公正的标尺。既合情又合理，才能表现公正的存在。国家要安定，政府行为一定要公正、合理，即所谓“凡君之所以安者，何也？以其行理也”[2]。在西方社会，公平正义是政治思想、伦理道德的中心理念，公平是政治行为的尺码，正义是美德的基础，亚里士多德则认为各种公平正义包含和汇聚了道德价值观的范畴。当前，我国图书馆学构建文化共享机制要充分彰显社会主义核心价值

[1] 世界环境与发展委员会.我们共同的未来［M］.王之佳，柯金良，译.长春：吉林人民出版社，1997：52.

[2] 墨子及其弟子.墨子［M］.吕昂，译注.南昌：二十一世纪出版社集团，2015：34.

观的公平正义原则，解决当前社会文化建设中切实存在的价值观不平衡、理念运用不充分的问题，以保障社会各类人群平等自由地参与文化创造和共享文化精神成果。

（三）利益需求原则：保障文化权益

保障人权的一个重要的支撑点就是文化权益。文化权益是指在一定的历史条件下，实施文化实践创新战略，在其中社会民众享有满足文化需求、获取文化利益的权利。1948年，联合国发布《世界人权宣言》，对“文化权益”给予了明确阐述，“全世界每一位社会公民均有权自由参加社会文化生活，享受艺术并分享科学技术发展带来的精神福利”“每一个人创造的科学、文学或美术作品所产生的精神和物质利益有受到保护的权利”。可见，保障公民的文化权益、尊重公民的文化利益是社会民主发展、正确实施权力的重要内容。当前，我国图书馆学构建文化共享机制，要切实保障人民群众的文化利益，突出体现公民基本文化权益原则，通过倡导社会主义文化事业大繁荣来促进人民群众文化权益的落实和发展。

三、我国图书馆学在构建文化共享机制中存在的问题

在国家战略任务和意见政策的督促下，我国图书馆学的文化治理公正公平性和文化建设共享性取得了长足的发展。尽管如此，由于受社会条件和历史的影响，我国图书馆学在公共文化服务上和文化共享机制建构上仍存在一些问题。

（一）公共文化服务供需关系矛盾突出，文化治理有待进一步提升

由于受到传统文化观的影响，我国图书馆学在文化休闲、陶冶情操功能发挥上有所忽视，导致文化服务的内容与社会民众文化精神需求存在一定的距离，产生了文化精神产品的供给方面与消费方面之间的矛盾，削弱了社会民众对文化精神需求的效果，限制了广大社会民众运用文化发展成果，使建立文化共享机制、促进文化精神更大范围的共享受到限制，主要表现在：一是我国图书馆学文化服务的内容偏少、形式相对单一，还不能完全满足服务群体的文化精神需求。由于

文化受众渠道还存在不通畅的情况，社会文化活动和民众文化创造的支持度和参与度受到影响。例如，建设新农村书屋工程，农民急需的农业科技、畜禽养殖等图书更新速度慢，与满足农民现实文化需求还存在着差距。与此同时，我国图书馆学文化治理所提供的文化服务虽然呈现多样化，但是真正反映创新实践和喜闻乐见的文化精神产品还很有限。二是我国图书馆学文化治理的整体水平仍然不高，对文化建设的提升程度需进一步加强。由于我国图书馆学在文化治理中还需进一步完善法律法规和规章制度，至今还没有真正形成文化治理的长效机制。例如，在社会基层文化服务方式上，大多重视“送文化”，这只是阶段性的“应景之作”，缺乏长效机制，在满足社会民众文化精神需要上缺少必要的落实措施。此外，在公共文化服务上还存在忽视弱势群体文化需求的现象，文化制度安排和政策设计缺少人文关怀精神，不利于文化建设和文化服务主体与受众群体的良性互动，对于增强我国图书馆学文化创造活力和强化文化共享机制建设无疑会有消极的影响。

（二）提升共享态势不平衡，社会结构层次之间的文化差距需进一步缩小

英国经济学家亚当·斯密说过：“为社会公共问题提供解决方案，需要持久和公平，不但要为所有人提供服务，还要为那些更需要服务的人提供更高层次的服务。”[1]我国图书馆学的文化共享是社会民众群体的文化共享，同时，包括边缘地区或经济不发达地区社会民众参与的文化共享，才是真正的、整体性的文化共享，从而也会促进现实社会生活中的文化公平。我国图书馆学全民文化共享理念突出强调了文化服务的均等化，同时注重文化服务的深层次和高质量发展。如果是在传统的计划经济模式下，我国图书馆学的文化服务为自上而下的行政管理机制所制约，公共文化服务的供需关系不平衡，将会影响社会民众共享文化成果的实现程度。究其原因，一是在边缘地区或经济不发达地区，我国图书馆学文化服务的结构分布仍然不合理。作为一种主体主观强烈的文化形式，我国图书馆学文化服务和文化消费呈现出更多的差异性，会产生多种类型的文化服务偏好。如果

[1] 亚当·斯密.国民财富的性质和原因的研究［M］.郭大力，译.北京：商务印书馆，1981：253.

忽视这些文化特征差异，而一味地提供同质性的文化服务，就会影响文化服务成效和文化成果使用率，也不可能真正地满足社会民众文化精神的需求。二是在不同社会阶层的群体中，我国图书馆学实施文化成果共享存在一定程度的差距。受知识背景、教育程度、社会地位的影响，不同社会阶层对文化成果的享有存在差距，表现出明显的不平衡性。目前，我国社会财富分配不均，还需进一步缩小贫富差距，相对富裕的社会民众群体在社会文化资源的占有量上存在优势，由此也表现出对文化服务更高的期望值，同时会出现更多、更高的文化成果业绩。相反，相对弱势的边缘地区的社会民众群体，由于缺少相应的文化资源产品，对文化服务的期望值偏低，如果没有进行及时的、适当的文化精神理念扶贫，其很有可能成为文化精神无法滋润的盲区。社会阶层文化存在差异，是促使我国图书馆学实现文化共享平衡的重要因素。

四、我国图书馆学在构建文化共享机制中的制约因素分析

分析我国图书馆学文化共享机制建构中存在的问题，只是体现出了一些表面存在的现象，还需透过现象看本质，分析研究我国图书馆学构建文化共享机制中存在的制约性因素。

（一）我国图书馆学在文化建设和文化治理过程中存在文化自觉性的缺失

文化自觉充分体现出我国图书馆学在文化建设和文化治理上的创建和反省的自觉性。文化自觉是一种自发的精神力量，它指明了我国图书馆学主动担当社会主义文化大繁荣、大发展的历史责任。全面实现我国社会主义文化现代化，人民群众的文化需求更加强烈，这就要求我国图书馆学应更加自觉地进行文化服务和文化治理，培养社会民众文化参与的自觉性，实现社会文化成果的共建共享。然而，由于长期受到计划经济体制的影响，我国图书馆学在文化创造上缺乏文化自觉，主要表现在：一是对文化共享机制构建的重视程度不够。我国图书馆学文化建设的精神理念长期受到传统观念的影响，以经济成本和经济效益论发展成败的认知观根深蒂固，经济效益被确定为衡量文化服务的最为重要的指标，这给我国

图书馆学树立历史文化观带来了制约。二是社会民众参与文化建设的意识不强。随着我国经济现代化的发展，特别是在一些经济发达的地区，社会传统文化受到市场经济体制的挑战，原有的维系传统文化的情感因素逐渐被市场经济逻辑因素代替，社会民众对社会公共文化建设意识不够强烈，加之长期以来我国实施的文化机制是自上而下的行政供给制，社会民众参与文化活动的积极性没有被充分地调动起来，在我国图书馆学文化共享机制构建上主体的主观意愿和能动作用明显不足。

（二）我国图书馆学在文化共享机制构建上存在地区的不平衡性

人类社会的文化精神运行是建立在人类生存得以保障的基础之上的，物质生产能力和经济发展水平影响着社会文化的生产与消费。由此，我国图书馆学在地区经济发展不平衡的前提下，文化精神提升和文化产品生产存在差距，主要表现在：一是地区经济发展的不平衡性决定了我国图书馆学文化共享的不平衡性。从物质生产和产品消费的关系来看，我国图书馆学文化精神的提升与产出决定着文化产品生产与消费的水平，马克思指出："饥饿总是饥饿，但是用刀叉吃熟肉来解除的饥饿不同于用手、指甲、牙齿啃生肉来解除的饥饿。"[1]由于区域经济结构的差距，我国图书馆学文化共享的实施水平因地域差别而存在较大差距。受地方经济发展的制约，欠发达地区的公共文化事业的投入相对较少，导致我国图书馆学构建文化共享机制过程中文化服务和文化产品供给偏少，这也导致经济欠发达地区文化精神的提升力度不够。同时，物质生产和产品消费之间的同一性导致消费直接促进生产，我国图书馆学文化建设的相应产品消费的过程也是文化精神自身再提高、再生产的过程。以此重复、循环，经济欠发达地区和经济发达地区在文化产出与消费能力上的差距不断扩大我国图书馆学文化共享机制构建的不平衡性。二是地区经济发展的不平衡性导致我国图书馆学在区域文化建设中文化精神产品消费能力的不平衡性。社会民众的实际经济状况以及文化消费的经济投入水

---

[1] 马克思，恩格斯.马克思恩格斯文集：第八卷［M］.中共中央马克思恩格斯列宁斯大林著作编译局，编译.北京：人民出版社，2009：16.

平是决定文化精神获得和提升的重要因素。社会民众经济收入提高，在满足基本生活标准的前提下，就会有更多的精力投入像我国图书馆学这样的人文学科所创造的文化精神理念的认知和消费中去。然而对于低收入群体来说，生存的需要仍然是第一需要，生活需要支出占比较大，因而文化需求和文化消费的能力受到很大影响。因此，在区域经济发展不平衡的前提下，社会民众的文化需求和文化消费能力的不均衡是导致我国图书馆学文化共享机制构建不平衡的主要因素。

五、我国图书馆学文化共享机制构建的路径分析

我国图书馆学倡导文化共享，提高文化服务水平，构建符合图书馆高质量发展的文化机制至关重要。然而，文化的广博融合性与政府管理的一元性之间存在着错位，政府文化职能部门的垂直式管理模式已经影响了文化精神产品和文化服务的多样化发展。改革开放以后，社会公共文化服务进入了市场经济运行轨道，文化多元性特征表现明显。我国图书馆学的文化服务体系由政府统一化管理体制转变为政府、企业、社会民间组织等协同管理的多元化体系。多元主体互相协调、补充，共同提高文化生产和文化服务的管理水平，共同实施我国图书馆学文化共享机制的建构。我国图书馆学文化共享机制的建立打破了传统二元对立的思维模式，开创了多元主体协调合作、共同履行文化管理职能的新阶段。

（一）发挥政府文化职能部门的管理主导作用，构建文化共享机制的政府主导机制

在市场经济运行体制下，文化理念既具有公共性又具有商品性。然而，我国图书馆学的文化建设如果完全依靠市场的经营运作，是不可能充分地满足社会民众对文化精神的需求的，还需要依靠政府承担主体责任，实施文化共享，把社会民众文化获得权和文化成果共享权维护好、落实好。新时代新气象，我国社会主义先进文化建设多元化发展，政府的文化服务职能和文化治理角色在我国图书馆学文化共享机制构建中更加突出。政府文化职能部门的功能不仅表现在管理我国图书馆学文化产品和文化服务的提供上，还表现在不断地促进我国图书馆学文化

政策的实施和文化环境的营造上，因为“制度的建立和环境的培育是政府行为最重要的结果”[1]。为此，政府职能部门要科学定位自身的角色，改革治理，履行职责，协调推进我国图书馆学文化共享机制的科学发展。一是科学定位政府文化职能部门公共文化服务的职责，实施我国图书馆学文化服务和文化治理手段与方法的创新。政府文化职能部门要正确判断、科学理顺与企业、社会民间组织之间的关系，明确其在我国图书馆学文化服务和文化治理中的主导地位，在推动我国图书馆学文化治理体系和治理能力现代化发展上发挥主导作用。与此同时，随着我国五级公共文化设施的建立、全国文化信息资源共享工程的建设完成，政府文化职能部门指导我国图书馆学履行管理职能，在实施手段和运行方法上要进一步创新，新的管理方法的运用促进了我国图书馆学文化服务使用率和文化治理效率的提高。二是规范和实施政府文化职能部门职责，发挥其对我国图书馆学宏观文化的管理和指导作用。政府文化职能部门依据政策、法规、制度将引导文化理念科学发展与满足民众文化需求结合起来，指导我国图书馆学文化服务和文化治理，促进文化资源、文化理念形成有序、合理的结构布局。三是强化政府文化职能部门管理作用，推进我国图书馆学文化建设政策、制度的制定与实施。政府加强文化立法，建立文化管理制度体系，科学指导，规范实施，将我国图书馆学文化共享机制构建纳入法治化的管理轨道，使得我国图书馆学文化建设有法可依、有章可循，积极创造我国图书馆学文化建设、文化治理、文化共享健康发展的宏观环境。

（二）促进企业参与文化管理的积极性，形成多元参与的文化共享机制

在计划经济体制下，政府是我国图书馆学文化服务和文化治理的主导者，经营性企业被排除在公共文化服务的范围之外。经营性企业的缺位，导致我国图书馆学文化服务和文化治理的单一化，影响了文化建设的多样化发展。由此，将市场经济管理机制引入我国图书馆学文化共享机制构建中，正确理解和全面处理公共文化管理行政化和文化建设市场化之间的关系，真正形成政府主导、企业参与

[1] 赫伯特·西蒙.今日世界中的公共管理：组织与市场［J］.经济社会体制比较，2001（5）：168.

的多元主体的协同发展格局。企业担当社会公共责任是社会公共事业建设的重要组成部分，社会公共文化建设离不开现代化企业的参与和支持。企业所具有的产品生产能力和市场竞争力，对提升我国图书馆学文化体系和文化能力现代化发展的效果具有重要的参谋和推动作用，为此，政府应采取相应行政措施，推出税收减免等优惠政策，组织引导企业参与我国图书馆学文化服务和文化治理活动，这对推动我国图书馆学文化共享的多元参与机制建设具有重要的实践意义。

（三）融合民间组织等社会力量，构建文化共享的社会化参与机制

作为介于政府与企业之间的组织团体，民间组织是参与文化活动、实施文化治理的重要组成部分，在现代社会思想治理和行为治理中发挥着重要作用。我国图书馆学文化建设是一项具有公益性色彩的事业工程，因此，我国图书馆学文化建设和文化治理需要民间组织的参与与融入。为此，在我国图书馆学文化共享体制构建中要关注与民间组织之间的权责关系、管理范围以及义务权利，为民间组织提供文化服务和文化管理的独立空间。同时，也要加强民间组织的自身建设，通过建立相关机制制度确保充分发挥民间组织的特色优势，使之在我国图书馆学文化共享机制建构中扮演好自己的角色，进一步推进我国图书馆学文化共享机制的构建发展。

（四）进社区、入基层，构建文化共享的基础载体机制

在我国图书馆学文化共享机制构建中，社区文化被纳入公共文化服务体系。把社区文化视为文化共享的重要组成部分，在我国图书馆学文化平台上平等地分享社区文化成果，能够提高文化精神理念运用的效果。加强图书馆学文化共享机制构建，使社区文化发挥多元化的作用，在促进文化整合、导向、传承、发展上意义深远。通过整合，推进我国图书馆学文化与社区文化相融合，不断增进社会民众对我国图书馆学文化建设的凝聚力和一致性；通过导向，引导社区群众关注我国图书馆学的文化审美观；通过传承，增强社区群众的文化意识，传承我国图书馆学传统文化精神品质；通过发展，全面开发社区文化生产力，促进文化生产力对我国图书馆学文化精神的提振，更加高品位地满足社会民众对文化精神的品

鉴。在我国图书馆学文化服务体系建构中，通过加强文化共享基础载体机制建设，为社会民众提供多元化的文化信息服务；通过制度规划与引导，协调社区群众广泛参与文化治理，不断提高社区文化品质，加大文化活动参与力度，以此助推我国图书馆学文化共享机制的构建。

总之，我国图书馆学文化共享机制的构建，强调多元主体共同形成公共文化利益责任，构建以政府文化职能部门为主导，厂矿企业、居民社区共同参与，社会民间文化组织协调互补的文化治理机制。加强我国图书馆学文化共享机制建设，是习近平新时代中国特色社会主义思想指导下满足人民群众文化生活需要、保障公民文化权益的必然选择。

第四章
我国图书馆学的社会主义核心价值观问题

第一节　社会主义核心价值观推动我国图书馆学发展的历史思维和历史进步

一、我国图书馆学核心价值观的历史思维

当前，我国图书馆学核心价值观的理论研究，多采用逻辑演绎的方法，这导致我国图书馆学核心价值观的基本理论问题不能很好地得以解决。对社会主义核心价值观的分析研究需要历史思维，因此需要运用唯物主义历史观来考察我国图书馆学核心价值观的历史现象，探究我国图书馆学核心价值观的一般性规律。当前，社会主义核心价值观代表着先进文化的前进方向。社会主义核心价值观是具有世界意义的价值理念[1]，是与唯物主义历史观一脉相承的思想理论体系。社会主义核心价值观体现了社会主义本质内涵，具有继承性、民族性、引导性等特征，它对我国图书馆学核心价值观的建构和发展具有历史性的指导意义。

---

[1] 韩震.中国文化上自强必须有引领世界潮流的先进的核心价值观：再论社会主义核心价值观的内涵［J］.道德与文明，2011（3）：5-8.

在我国图书馆学理论研究中，我们需要科学定位图书馆学的历史发展进程，研判其运行规律。社会主义核心价值观表现的文化自觉与文化自信，是对我国社会文化进行理性判断产生的价值成果，而我国图书馆学以文化品质为基础，将文化精神建立在社会历史发展的现实之上，因此社会主义核心价值观这种哲理科学判断必然会涉及我国图书馆学的历史定位问题。我们需要分析研判我国图书馆学社会属性在传统向现代转型阶段的情况，还要分析研判我国传统文化与世界文化的关系问题。关于我国图书馆学在社会主义阶段的历史定位问题，必须在社会主义核心价值观的指导下，深入哲学层面进行分析判断，这样就能够了解在从传统文化思维走向现代文化思维的过程中，我国图书馆学所建构的社会文化体系的症结是什么，并结合社会主义核心价值观中的基础价值逻辑关系进行探讨，判断出我国图书馆学社会文化体系的关节点。其实，对我国图书馆学社会文化体系关节点的解释就是社会主义核心价值观显现的关键所在。同时，我们要结合社会文化有机体理论，阐述我国图书馆学文化治理体系中关节点的价值取向推动社会文化发展的运行机制问题。

在社会主义核心价值观的指导下，通过历史思维和历史定位可以将我国图书馆学核心价值观从无休止的逻辑思维争论中解脱出来，进而从唯物主义历史观的角度对我国图书馆学价值观的内涵、特征、功能有清晰认知。对当前我国社会主义文化发展思想进行历史定位，促使我们充分认清我国文化体系中的关节点。在这样的思维下，我国图书馆学核心价值观的研究将重点表现在两个方面。一是以社会主义核心价值观为思想基础，以唯物主义历史观为理论依据，探讨我国图书馆学核心价值观的一般性规律。有必要避开纯逻辑思维的角度而以历史推演的眼光，以唯物主义历史观为理论依据来观照我国图书馆学核心价值观的一般性规律。二是以社会发展的一般性规律为前提，对我国图书馆学在社会主义社会现阶段中的历史进行定位。我国图书馆学核心价值观本质上是价值规律问题，也是我国图书馆学有机运行中关键的、重要的问题。对这些问题的全面理解和有效解决能够衍生出相关联的其他社会价值，从而对文明社会发展、和谐社会进步起到重要的支持作用。

社会的理性发展需要价值观的映照，我国社会主义核心价值观具有深远的哲学意义，是文化自觉和文化自信的表现，是对我们所处的这个时代的社会文化进行科学判断而产生的精神内涵。它是新时代文化发展的精华，对我国图书馆学的文化建设和文化发展具有统摄作用。进一步分析可以看到，社会主义核心价值观中的各个关节点来自社会政治、经济体系中所面对的各种根本性问题，是对这些根本性问题正确理解和实时解决的灵魂钥匙。我国图书馆学现阶段处在一个较为复杂的历史方位下，既关联传统文化与现代文化问题，又涉及民族精神与世界理念问题。只有确立历史方位，才能对我国图书馆学在社会文化发展中的作用进行明确的判断，才能准确把握社会有机体的关键节点，从而明确我国图书馆学核心价值观的具体内容。因此，以社会主义核心价值观的关节点为理论前提，观照我国图书馆学的历史定位，是明确我国图书馆学核心价值观基本问题的前提保障。为此，我们不能简单地将我国图书馆学核心价值观问题归结为一个纯粹的逻辑命题，而是要以社会主义核心价值观为指导，衡定为一个社会文化历史命题。我国图书馆学历经传统思维走向现代理性，在发展过程中一直在面对如何处理传统与现代，以及中西方文化、主观文化意识与世界文化成果之间的关系问题。社会主义核心价值观的产生，使我国图书馆学所面对的这些重要问题有了科学的阐述。运用社会主义核心价值观进行指导，也提醒我们要冷静处理问题，放弃急功近利和应时应景的心态，从唯物主义历史观的高度重新审视我国图书馆学核心价值观的科学内涵和历史定位。

二、我国图书馆学核心价值观的历史进步

以社会主义核心价值观为指导，对我国图书馆学核心价值观进行研究，必须深化对我国图书馆学本质属性的理解。切实把握我国图书馆学核心价值观的本质属性，应从我国图书馆学的内在规律性和社会主义核心价值观关系中寻求答案，需要从历史进步的角度，结合社会主义社会时代背景来把握。马克思主义理论中的论述、观点、思想都是社会主义社会发展的方向指引，“坚持问题导向是马克思主义的鲜明立场”[1]，如果不了解思想产生的时代背景，就不可能准确

[1] 颜晓峰.强大的精神力量［M］.重庆：重庆出版社，2020：257.

把握思想的本质和规律。对于我国图书馆学核心价值观的分析、研究、把握也是如此。研究我国图书馆学核心价值观问题，应该将其与社会主义核心价值观体系结合起来。加强社会主义核心价值观教育，促进我国图书馆学文化治理体系的构建和治理能力的现代化发展。为了在社会文化领域凸显我国图书馆学的价值理念，就要对我国图书馆学核心价值观的具体内容进行总结、概括、提炼，形成我国图书馆学精神内容的社会主义核心价值观。从内容上讲，我国图书馆学核心价值观就是我国社会主义核心价值观的继承与发展；从形式上讲，我国图书馆学核心价值观是我国社会主义核心价值观理念的再创造。正是我国图书馆学继承了我国社会主义核心价值观的内容和形式的统一性，才使得我国图书馆学真正获得了社会价值发展的真谛，才真正具备了图书馆学发展的社会主义性质。

党的十八大以来，全国人民践行社会主义核心价值观，将践行方向集中在弘扬中国精神上。在社会主义核心价值内容中，中国精神居于核心位置。中国精神是爱国主义精神和时代主义精神的统一，是实现我国社会主义社会科学发展的精神支柱。可以说，作为社会主义核心价值观的重要体现，中国精神对我国图书馆学的价值观取向具有引导作用，因此，弘扬中国精神，要进一步深化对我国图书馆学核心价值观本质属性的认识，要更加清晰地理解我国图书馆学核心价值观和核心价值观体系之间的关系。我们要从社会主义核心价值观和社会主义核心价值观体系之间的关系中把握我国图书馆学核心价值观的本质属性，依据社会主义核心价值观在体系中的地位、作用来指导我国图书馆学核心价值观的建设。

在社会主义发展的新时代，深刻理解、积极践行社会主义核心价值观，是与时俱进地推动我国图书馆学核心价值观进步与发展的必然要求。践行社会主义核心价值观精神内容，应是我国图书馆学核心价值观具体内容的最大公约数，可以说，我国图书馆学核心价值观精神的提炼仍然在路上。当前培育我国图书馆学核心价值观应从两个方面入手：一是以新时代新诉求为内容赋予我国图书馆学核心价值观新理念，拓展其内容，加深其理解；二是分析研究我国图书馆学核心价值观最大公约数，促使其成为更加简洁、更为稳健的核心价值观逻辑进路。进一步提升我国图书馆学核心价值观精神境界需要遵循两条基本思路：一是理论提炼。就是以社会主义核心价值观的12个词为分析基础，从中抽象化研究出更为重要的精神理念来。二是思路拓展。社会主义核心价值观的精神理念是从实践中总结出来的，来源于实践，发展于实践，从实践中发现12个词之外的新的理念价值。我们应当加强对我国图书馆学核心价值观的拓展研究，不断拓宽思路，丰富认知内容，促进我国图书馆学理念发展与时俱进。

我们要不断深入对我国图书馆学核心价值观的理解，塑造我国图书馆学所认知的核心价值观的高尚品质，汇集我国图书馆学人文精神的实践力量。我国图书馆学核心价值观是从实践中总结而来，并赋予理念精神内容，促进精神内容成为核心价值观客体，以此生成了价值力量。在我国图书馆学核心价值观精神表达中，价值力量是强烈的，因此图书馆学界要准确把握价值精神向客观世界转化的规律，把我国图书馆学核心价值观理念转化为支持中国精神的强大力量。要特别注意的是，我国图书馆学与其他国家意识形态在价值观念上有一些相同之处，如自由、平等、公正、友善等，这些价值观念与中华民族精神内容一致，我们是容易理解的。改革开放以来我国图书馆学借鉴国外一些优秀成果，如民主管理。怎样让民主管理的价值观符合我国图书馆学核心价值观的要求？我们要吸其营养，弃其糟粕。西方资本主义国家有自己的价值观“输入系统”，而我国图书馆学的价值观“输入系统”是不一样的，只有使自己的“输入系统”活起来，才能在价值观思想的博弈中彰显优势。这要求我国图书馆学具备价值观转换能力，不仅要促进自身价值理念活起来，还要突破西方价值体系的局限性，彰显中国特色社会主义核心价值观的先进性。

促进我国图书馆学核心价值观的历史进步，必须深入挖掘和全面理解社会主义核心价值观中优秀传统文化的内涵意义，把我国图书馆学价值观理念厚植在中华民族灿烂文化的沃土之中。这种厚植，需要我们运用唯物主义历史观去指导我国图书馆学核心价值观的历史思维和历史进步。我们研究我国图书馆学核心价值观的社会主义性质，要以马克思主义的基本理论和基本方法为指导，既要运用我国传统优秀文化资源，传承传统智慧，又要重视发现和挖掘那些人类社会所共有的人文精神、道德理念和哲学智慧。这是我们研究图书馆学核心价值观的基本遵循，也是我国图书馆学核心价值观的基本取向和历史进步。

促进我国图书馆学核心价值观的发展与进步，需要抵制、解构社会主义核心价值观研究中的历史虚无主义。在价值观分析研究中，历史虚无主义表现为以理论创新观点彻底否认前期的、传统的科学理论成果。我们只有在分析研究我国图书馆学核心价值观时正确把握价值观领域中的重大理论问题，科学判断实践问题，抵制、解构历史虚无主义，才能心明眼亮、立场坚定、站稳脚跟。科学地理解、正确地把握社会主义核心价值体系和社会主义核心价值观的关系，才能扭转历史虚无主义导致的我国图书馆学核心价值观的失调和偏差。分析研究我国图书馆学的核心价值观，面临着复杂、多变的国际形势，需要通过不断地探索、不断地深入，才能逐步走向成熟、完善。新时代培育了我国图书馆学核心价值观，践行社会主义核心价值观，不仅要始终承载我国图书馆学的价值理念，更要把握好我国图书馆学所倡导的社会主义性质的规律性，只有这样，才能彻底反对和抵制各类错误思想，坚定理念自信，推动社会主义先进文化全面发展。

第二节　建设和发展我国图书馆学核心价值观

目前，我国图书馆学界大兴调查研究之风，对社会主义核心价值观的研究达到了高峰，研究成果主要探讨我国图书馆学铸牢社会主义核心价值观的内涵、意义、目标以及社会主义核心价值观在我国图书馆学中所表现的历史演进和逻辑生成等内容，也有一些研究成果分析了影响我国图书馆学思想意识的重要意义。强化社会主义核心价值观意识是一项社会系统工程，我国图书馆学的相关研究需要向多维度扩展。我国图书馆学界普遍认为，认同是社会主义核心价值观的基本内容，社会主义核心价值观已经成为我国图书馆学价值观构建与发展的根本遵循和衡量标尺。任何一种图书馆学核心价值观，都是特指国家社会文化精神的思想表达，传统思想、时代文化、意识形态是图书馆学核心价值观构建与发展的三大基础。探析我国图书馆学的社会主义核心价值观基础，既要以中华民族共同体意识为引领，汇聚社会共识，又要遵循国家意志建构的逻辑思维，从中华民族伟大精神源远流长的发展中汲取文化基因。通过全面分析我国传统思想、时代文化、意识形态等因素，我们认为爱国主义精神、国强民富、和谐共生、社会主义民主法治是构成我国图书馆学核心价值观的基础。

一、爱国主义精神：我国图书馆学思想凝聚力的灵魂和社会主义核心价值观的精神源泉

爱国主义精神是公民与国家关系的真切表达。它来源于国家公民对政治意志和社会生活的体验和感悟，是社会精神中具有普遍意义的道德价值理念。爱国主义精神以国家精神为基础，也意味着我国图书馆学对国家精神的忠诚、对民族文化的自信和对社会责任的担当。在我国社会主义制度下，爱国主义精神在我国图书馆学理念建构中具有普遍的感召力，以精神的力量规范着我国图书馆学的认知和行为，进一步诠释我国图书馆学精神中社会主义核心价值观命运与共的理论诉求。爱国主义精神与国家情怀、民族感情、人民诉求联系密切，它所强调的理想、信念、意志、情感等对强化我国图书馆学核心价值观起到引导、支撑、激励、整合的作用。

爱国主义精神贯穿于我国图书馆学多元化发展的历史轨迹之中。在古代图书馆理念中，爱国主义精神在各民族融合交流中形成，我国图书馆学理念受到民族传统精神同构的影响。无论是汉族，还是少数民族，都在争取民族解放和国家独立中书写了可歌可泣的爱国主义故事，这些故事传承了中华民族热爱家乡故土、维护祖国统一的家国情怀。我国图书馆学要充分运用兼容并蓄的中华优秀传统文化来维护民族国家的利益，对图书馆主体与民族国家的关系进行定位，形成维护社会主义核心价值观基础的历史合力。其中，爱国主义精神所蕴含的“心系祖国、公而忘私”“自力更生、奋发图强”的理念价值，在当今我国图书馆学核心价值观建设中仍然是重要的精神支柱。然而，传统的爱国主义，其精神的体现是忠君与爱国一体化，对于图书馆学的主体来说，是“臣民”的含义，而非真正公民的自由意义，这导致我国图书馆学对民权意识的缺位以及对国家参与的不

认同。

近代以来，救亡图存的爱国主义精神成为我国图书馆学时代发展的主旋律，其以强大的号召力引领着我国图书馆学自觉主体意识的发展。鸦片战争爆发，西方列强入侵中国，国人的爱国主义精神被激发。这时的爱国主义精神对我国图书馆学的指引是“用民权理念代替君权思想、用主权取代天下观”[1]，爱国主义精神在当时我国图书馆学体系的核心价值观建构中已经同国家主权、民族独立联系在一起，这种民族统一的共识性已经成为我国图书馆学核心价值观构建的基础。毛泽东在抗日战争时期明确针对中华民族的族性构成、历史发展和革命传统等问题进行了深入的论述，使得我国社会主义核心价值观进一步明晰化，即中华民族大团结代表着我国社会主义核心价值的内涵意义。中华民族阐发的爱国主义精神由自发自在状态转变到自觉联合状态，充分给予了我国图书馆学高度的精神动力和认同的政治身份，也正是由于我国图书馆学基于国家主权、民族独立的维度才得以对社会主义核心价值观发出时代的强音。救亡图存的爱国主义精神真正上升到实现中华民族利益的高度，同时影响和指导着我国图书馆学价值观真正意义的出现。这是我国图书馆学发扬救亡图存精神价值意义的真正体现，也是我国现代图书馆学体现爱国主义精神、构建社会主义核心价值观的智慧结晶。

新中国成立以来，我国图书馆学在中华民族和国家建设发展中被赋予了更大的精神寄托，不同时期的精忠报国和救亡图存精神的体现，在建立我国图书馆学核心价值观上发挥着重要作用。同时，努力实现中华民族伟大复兴应是我国图书馆学现实作为的使命和担当，这也充分体现出我国图书馆学对中国未来命运共同体的切身关怀。构建我国图书馆学核心价值观，重点是发扬和传承爱国主义精神。我国图书馆学紧跟我国民族和谐建设的历史性任务，进行新时代民族精神的再造，不断地传承中华民族文化基因，认同并重构中华民族社会主义核心价值观理念。中华民族是我国行使主权的国家民族，建立和铸牢社会主义核心价值观能够激发人们对国家与民族建设、发展的热情。也正是在中华民族切实建立和铸牢

[1] 王律，金梦兰.近现代中国的价值观构建［M］.成都：四川人民出版社，2018：142.

社会主义核心价值观的热情氛围内，我国图书馆学经过自主选择和自主发展产生了价值观的归属认同，这是以社会主义核心价值观为基础的自由自觉的理性共识。爱国主义精神是我国图书馆学精神构建的源泉，影响着我国图书馆学社会文化生活的发展程度，如今的世界百年未有之大变局给我国图书馆学精神重构带来了机遇。当前，热爱祖国、拥护党的领导、加强社会主义制度建设、增进“五个统一”是新时代中国特色社会主义核心价值观的具体表现，也是新时期爱国主义精神的主要内容，能够激励我国图书馆学界人士以爱国主义精神为动力投身中华民族复兴的伟大征程，从制度、理念、心理等方面为铸牢我国图书馆学核心价值观奠定坚实的基础。

二、国强民富：我国图书馆学实现社会主义核心价值观愿景的物质认同支撑

中国历史发展的事实表明，国家强盛和人民幸福是凝神聚力谋发展的基础和保障。没有充分的国强民富做保障，我国图书馆学的理念发展无法得以有效实现，更不用说团结意识和凝心聚力了，整个图书馆学体系将会陷入“贫困交加”的不良循环之中。因而，在新时代，我国图书馆学应以国强民富为发展目标，通过综合实力的竞争使图书馆学的精神理念逐渐强大起来。

国强民富始终是我国在国家建设上的理想和目标，它始终根植于中华民族历史悠久的政治和文化土壤之中。在我国现代图书馆学体系中，要以国强民富原理为根本遵循，大力宣扬民本思想，落实“良政栖于百姓生计”的保障措施，只有国强民富，才能推行图书馆学治理于天下。近代以来，中国被西方列强入侵，社会积贫积弱。国强民富作为国人孜孜以求的梦想，在近代中国落后挨打的现实中摇摇欲坠。也就是在如此贫弱的社会背景下，从魏源的“师夷长技以制夷”到洋务运动，再到维新变法直至孙中山的“三民主义”，都体现出国家民族志士救国救民的富强观。为此，可以借鉴和领悟的是，我国图书馆学在历史发展的历程中既要致力于国强民富的思考与实践，又要有对民生状况的切实关注。我国图书馆学要切实关注民生主义。民生主义体现的富强观给我国图书馆学以“平均地

权”“节制资本”的启示与传承。近代以来的国强民富思想从整体上也存在着明显的历史局限性，导致我国图书馆学在遵循国家理念发展时存在局限性和不稳定性，在精神理念建构上，尤其是在分析、理解、建构核心价值观上还缺少思想主义的指引。

中国共产党自成立起就承担着民族复兴、富强国家的神圣使命，带领中华各族人民实现了从站起来到富起来再到强起来的伟大复兴，空前提振了中国人民的自信心和自豪感。为此，新时代的我国图书馆学也要在国强民富的时代洪流中昭示民族振兴、实现人民幸福的美好愿景，凝聚全社会最大范围的共识。我国图书馆学的理念价值观一定要建立在实现民族振兴和国家富强的基础之上，将国家强盛、民族幸福、个人理想作为我国图书馆学核心价值观的必备内容，这无疑是将强国和富民理念结合以形成我国图书馆学的核心价值观。国强民富作为我国图书馆学核心价值观的理性追求，反映了我国图书馆学追求建立国家强盛、人民富强的社会主义核心价值观的根本愿望，成为增强认同感、展示自信心的重要因素，对倡导和铸牢中华民族共同体意识发挥着重要作用。

在我国图书馆学关于社会主义核心价值观的建构中，国强民富精神揭示了国家强盛和人民幸福的联结纽带关系，充分体现出国家强盛与民族振兴的最终目的是实现人民的幸福安康。构建我国图书馆学核心价值观就是为了充分体现中华民族的幸福追求是国强民富的内在要求，也是我国图书馆学倡导民生主义的根本内容。中国共产党领导各族人民，把消除贫困、实现共同富裕作为社会主义核心价值观的精神体现，只有高度重视我国图书馆学的民族性和本土性问题，才能更加显现中华民族共同体意识在学科建构和理论发展上的基础性地位。新中国成立以来，我国政府对民族问题的科学判断和正确主张，充分说明民族大团结是中华民族走向富裕与强盛的根本基础，也为新时期我国图书馆学服务社会、推动理论发展指明了方向。重视国强民富精神，在很大程度上就是倡导和弘扬社会主义核心价值观，这为我国图书馆学精神建构和理念发展提供了理论自信和价值表达。我国图书馆学要通过对社会经济持续发展的关注、社会资源有机资源分配和民生保障的强化，达到促进社会主义核心价值观广泛传播和创新发展的目的。

三、和谐共生：我国图书馆学倡导社会主义核心价值观的文化传承积淀和人文精神铸牢

和谐共生是中国传统文化思想的核心表达，它代表着中国源远流长的儒学思想。我国图书馆学发扬和谐共生精神的意义在于倡导和睦共处、和衷共济、和谐发展理念，实现社会主义核心价值观文化共同体的共生共筑共发展。和谐共生所内含的祥和统一、兼容并蓄、同生互补的实质精神内容充分体现出了我国图书馆学科学发展的方法论，为铸牢我国图书馆学共同构建社会主义核心价值观提供了丰富的文化底蕴。

中国古代藏书机构在判断读书人群范围时，提出了“天下观”“大一统”的思想，这与和谐共生的精神理念有着一脉相承的文化渊源。我国图书馆学的认同观一直是与国家观念联系在一起的，与“天下观”“大一统”思想同源。和谐共生是我国图书馆学所表达的社会主义核心价值观的根本利益的象征。和谐共生与中国古代“天下观”“大一统”思想在政治理念上一致，可以说和谐共生就是“天下观”“大一统”的衍生概念。和谐共生是我国图书馆学在现代化建设与发展过程中理念精神的总结、完善与提高，试图构成“天人合一”社会主义核心价值观，成为图书馆学与社会学结合同一的正统世界观。在当今我国天下一统的和谐共生的社会环境中，我国图书馆学存在着中华民族认同的根本基因，这种认同是我国社会主义核心价值观和谐共生的包容性使然。因而在历史发展的进程中，我国图书馆学始终保持着文化自信，在维护国家统一的同时，也“在极大程度上促进了作为国家民族的社会主义核心价值观的产生、演化、凝聚的过程”。[1]我国图书馆学自产生之日起，就注定坚持统一民族精神、建设统一主权国家的理念，正是中华民族精神理念的不断发展才促使我国图书馆学精神理念不断扩展。我国图书馆学以多元一体化的互动方式，形成了民族成就国家和国家在民族基础之上的基本特征。我国图书馆学理念在社会主义核心价值观的感召下得以促进并发展着，并不断在为弘扬社会主义核心价值观而向前发展着。尽管在中国的历史发展

[1] 陈云生.宪法人类学：基于民族、种族、文化集团的理论建构与实证分析［M］.北京：北京大学出版社，2005：618.

中，国家政权发生过更迭，但是我国图书馆学的民族性发展始终没有停止过，尤其是在和谐社会建设中，我国图书馆学构建和倡导的社会主义核心价值观，促进了中华民族的团结统一。

我国图书馆学在“天下观”的影响下，进一步弘扬了“天下一统”的文化思想，并在此基础上实现了对民族文化元叙事的确认。我国图书馆学对传统民族的认同是以“大一统”思想为依据的，并在“天下观”这种经过历史历练和酝酿逐渐形成的华夏文明中得以实现和传承。我国图书馆学认同华夏民族构成天下一统，“内诸夏而外夷狄”，构建于“天下观”意义上的我国图书馆学被赋予具有特殊意义的政治文化性。为此，我国图书馆学“华夷之辩”在本质上并不是单纯的种族血缘的民族性划分，其现实标准在于文化差别上。差别应该是一种和谐共生的社会现象，它包含在“天下观”的价值关怀中。由此我国图书馆学的和谐共生精神在民族文化和国家文化的发扬上发挥了重要作用。华夏与四夷在“天下观”的意境中和谐共生，更加重视以礼仪标准和文化教化来实现一统化。当我国图书馆学通过“华夷之辩”来体现中华民族认同时，促使我国图书馆学“夷狄入中国，则中国之，中国入夷狄，则夷狄之”，即构建和发扬社会主义核心价值观已经成为时代精神之要求和时代氛围之所需。

在我国历史进程中，我国图书馆学所承载的精神理念，“若是举止能确切地符合礼的规则，则它在礼仪传统之拥护者的眼里，就是个正当的王朝”[1]。文化认同对我国图书馆学构建核心价值观起到了重要作用，它促使我国图书馆学产生一种结构化的关系域。在明确中华民族精神的边界时，我国图书馆学以多元化叙事的方式，有序地探索中华民族精神的精髓，如此兼容并蓄，在和谐共生的基础上，我国图书馆学就能够构建稳定的社会主义核心价值观。在华中师范大学徐勇教授看来，我国图书馆学在历代王朝政权的交替中接续发展，但“大一统”始终是主流，和羹之美，在于合异，我国图书馆学所倡导的“天下观”的价值观理念，充分表现了中华民族以和谐共生的自存实体精神象征来激励统一的多民族国家的奋发。晚近以降，长期历练形成的我国图书馆学文化精神和价值理念仍然是

[1] 徐勇.关系中的国家（第二卷）[M].北京：社会科学文献出版社，2020：29.

推动民族统一和维护国家独立的重要力量源泉。我国图书馆学人文精神强有力的表达，使得国家的民族性、独立性更加突出，也使得和谐共生含义由中国传统文化价值观的独特道义关怀所阐发和决定。

把现在的社会主义核心价值观置于中华文明历史长河中进行观察，可以发现我国图书馆学包含政治、经济、民族、社会、文化等多种因素交织呼应的理论表达，这使得在新时代发展中的社会生活理念、行为习惯指向、价值观精神呈现出更为复杂的实际状态，这为社会主义核心价值观的建构和传播提出了新要求和新挑战。在此背景下，对于如何正确理解和处理社会主义核心价值观中的民族关系问题，我国图书馆学通过实践总结理解的是从历史经验中汲取智慧应是一个重要的选择。在我国图书馆学共建理论体系中，和谐共生、美美与共的价值理念不仅表现在世界观认知上，还贯穿于由国家意志、民族精神、大众民生等所构建的社会主义核心价值观上，强调社会的包容、民族的和谐和国家的繁荣。习近平总书记强调，“多民族是我国的一大特色，也是我国发展的一大有利因素”“促进各民族和睦共处、和衷共济、和谐发展”。[1]这是对我国图书馆学建构社会主义核心价值观的和谐共生理念做出的最切实的诠释。我国图书馆学一定要紧扣新时代发展的脉搏，不仅要从历史进程中诠释国家、社会、民族交往交流交融的行为机理，更要在实践层面对国家政策、各民族群众行为观念进行分析、理解和倡导，最终汇集到以新时代我国图书馆学的理念行为铸牢社会主义核心价值观上，这也是我国图书馆学新时期发展中必不可少的理想价值遵循。

四、社会主义民主法治：我国图书馆学弘扬社会主义核心价值观的文化供给与共同体意识的法治建设

社会主义民主法治是我国图书馆学所关涉到的当代政治问题的精神和原则。我国图书馆学为了阐述和表明国家认同和民族共识，提出了具有理性精神色彩的政治文化理论。在近世以来的我国图书馆学精神理念的转型过程中，我国图书馆学从传统意义上的“地域文化”理念转向国际法治上的“民族国家”理念，这

❶ 习近平.习近平谈治国理政：第二卷［M］.北京：外文出版社，2017：299.

样就具有了国家民主法治下的国际政治共同体的时代意蕴。我国现代图书馆学的理念建构是在“国家”“民族”两个概念上展开的，以此倡导维护国家主权，维护民族统一，坚持社会主义法治。我国图书馆学在民族国家或者国家民族问题上的政治表态是以人民意愿和国家主权为根本依托的，在时代转型的过程中，法治制度所解决的是从臣民转变为公民的身份问题，把臣民对王朝的忠诚转变为公民对国家意识的认同。而在我国图书馆学现代化建设的过程中，要使具有民族广泛性认同的公民形成基于国家观念的认同，必须依托于社会主义民主法治的价值关怀。对少数权益的尊重，能够有效地保持民族民主权利的畅通实施并保障民主权利功能的充分发挥。我国图书馆学的社会管理功能，已经形成了族际的共同权利和共同职责，切实地理解到了国家的全民族性，通过民主法治的建立，走向民族团结与和合，进一步巩固和发展多元一体的中华民族大家庭建设。

社会主义民主法治作为一种科学的社会治理准则，正在以权利和义务为载体调整国家民族的利益关系。为此，我国图书馆学将社会主义民主法治建设作为一种行业内的行为机制和运行方式，来源于政治民主法治和现实社会生活的常理和常情。由于我国图书馆学本身构成中华民族文化的一部分，包含着社会主义核心价值观的文化情感基因，因而现代社会状况越复杂，异质性越高，我国图书馆学内在理念的建设和价值共识的建构就越依赖于社会主义民主法治的规范和引领。

我国图书馆学作为社会历史文化的有机组成部分已经形成了自身特色的精神理念，但是如何凝练成民主法治与历史文化共同体，则是我国图书馆学文化建设中追求的理想目标。为此，多元一体化和一体多元化的交叉互动支撑着我国图书馆学展现在新时代中国特色社会主义文明之中。我国图书馆学只有在国家与民族认同的基础上，才能有效发挥作用来维护国家统一和民族团结。铸牢社会主义核心价值观，为我国图书馆学的建设发展夯实国家与民族认同的基础，是一项系统工程。在这项工程建设中，文化的积淀、价值观的引导是不可或缺的，而且社会主义民主法治更是建设和发展的主要内容。社会主义民主法治是我国图书馆学政治、文化、制度建设的综合体。我们可以通过促进图书馆学综合体的发展来调节、掌控我国图书馆学运行的权利义务和公平正义，促使我国图书馆学发挥示范、引领作用，从文化精神理念上增强中华民族的内在凝聚力。自我国宪法进一步修订以来，中华民族的国家地位被宪法确立下来，得到了最大的保障。将中华民族伟大复兴的美好梦想融汇于宪法序言之中，在弘扬中华民族精神的同时，也是对具有中国特色的社会主义国家建设宏伟蓝图的确定。为此，在社会主义建设的伟大洪流中，新时代的社会主义民主法治建设促进了我国图书馆学在国家文化建设中的定位，在社会主义民主法治建设中铸牢和发展我国图书馆学的社会主义核心价值观。

作为中华民族共同体意识的民主法治，表明了我国在政治、经济、文化上对我国图书馆学给予了政治观念、伦理价值的指导，使其逐步实现了对政治、经济理念的认同。在认同过程中，我国图书馆学通过对民主政治的参与和民主法治的遵行，归正了自我的政治归属感，实现了与国家政策、民主法治规矩的互嵌、互动。社会主义核心价值观为我国图书馆学文化建设提供了精神指引，从多元化的价值观角度对铸牢图书馆学共同体意识产生了重要的影响。我国图书馆学倡导社会主义核心价值观是国家精神的具体体现，其蕴含的理性信念、行为规范、处事原则是社会主义核心价值观的重要表现，为此，我们分析研究图书馆学文化建设，要从思想引领、实践总结、民主法治等入手，倡导社会主义核心价值观，铸牢中华民族共同体意识，这是文化精神这个最大公约数真正内化于心、外化于行的本质所在，也会在铸牢中华民族共同体意识上发挥积极、重要的作用。

第三节　以社会主义核心价值观为引领，强化我国图书馆学文化精神上的自信和自强

我们以唯物主义历史观为根本遵循，进一步凝练、总结社会主义核心价值观的精神真谛，并将其阐述为“民主、公正、和谐”，目的是在保持基本精神内涵的前提下，更加集中、更加明确、更加具有针对性。在当代中国，要做到民族精神上的文化自信、自强，必须树立起自身强大的社会主义核心价值观。凝练我国图书馆学核心价值观，必须坚持理论与实践相结合，总结历史经验，遵循中国特

色社会主义发展之路。因此我国图书馆学文化建设需要传承五千年历史文明发展成就，借鉴、吸纳世界文明发展成果，从而引领社会主义文化发展的前进方向。我国图书馆学文化传承与建设要基于历史发展，关注现代社会现实，思考未来方向，以增强民族文化凝聚力，提升国家文化软实力。

一、"民主、公正、和谐"是我国图书馆学价值观的核心要义

我国图书馆学核心价值观追根溯源，在精神理念上沿用"民主、公正、和谐"的时代性意义，促进其在文化性质上代表我国社会主义国家形象，能够在国际社会中发出具有中国精神意义的时代声音。

在社会主义社会，发扬民主真正体现了人民当家做主。古希腊存在"城邦民主"，但是民主被限制于城邦之中，那是城邦人的民主，不具备普遍性。资本主义国家也有民主，但是具有资本主义性质的民主是有历史局限性的民主，是资本占有者的民主。无论是形式上，还是内容上，资本主义民主都表现出少数人以资本实力进行竞争与博弈的现象，这明显限制了普遍意义上的民主制度和民主权利的内容。社会主义具有无比的优越性，必然会超越资本主义成为世界主义的引领者。社会主义社会蕴含着丰富的民主内涵，将民主从选举权延伸到经济权、文化权、社会保障权，真正实现了人民当家做主。当然，我国的民主制度还需要不断完善，这体现了我国社会主义民主的可贵之处。我国社会主义民主引领我们建立科学的社会主义制度，真正实现了人民当家做主。

公正，即公平正义。其意义是维护公民自由，统筹社会民众的利益分配，实现公民在制度与法律面前的公平。在历史发展的不同时期，公正的意义是不一样的。在古希腊，统治阶级、格斗武士、生产劳动者各行其是，互不干涉，这被视为公正的标准。在资产阶级的视野里，统治阶级不是将公正悬浮于权力之上，就是将公正偏执于非核心价值，经常鼓吹自由至上，但却尝试通过政策执行实施不平等行动。在自由权力之下，视个人自由主义为上，公正反而被忽略或无视。

和谐，为社会主义核心价值观所倡导，是新时期我国社会主义建设的本质

要求。和谐是人与社会、人与自然之间良好的互爱关系。和谐包含人权的价值取向，同时超越人权的价值内涵上升为更高境界。在资本主义社会，人权更多的是服务于资本占有者，如果社会资本环境中的每一个人都去诉诸自己的权利，那么他们的权利将会处于人权混乱或人权冲突之中。和谐的效果就是运用法律、道德文化的制约力量，规范人们的权益诉求和规定人们的行为边界，避免滥用人权产生混乱、冲突，实现马克思所说的“每个人的自由发展是一切人的自由发展的条件”。

作为社会主义核心价值观的传承者和践行者，我国图书馆学把“民主、公正、和谐”作为自身价值观的核心要义，坚持社会主义方向，传承社会主义新文化，必然会为社会民众所接受和认同。在当今世界，世界观价值取向各种各样，但不是所有价值观取向都能成为我国图书馆学价值观的核心要义，能否成为核心要义，须从历史、现实社会环境、理论考察的角度加以确认。我们确认我国图书馆学价值观核心要义，需要从以下几个方面进行考察：

（一）我国图书馆学核心价值观必须是国家制度精神取向的体现

国家制度精神取向充分体现了对人民群众的承诺、对国家发展进步的把握，我国图书馆学坚持社会主义文化发展方向，是国家文化制度精神的践行者和执行者。现代图书馆自建立之日起，就不断摆脱封建主义思想的束缚，提出“自由、平等、博爱”的社会价值承诺。在社会主义实践中，我国图书馆学以社会主义制度为遵循，以“民主、自由、人权”为核心价值观要义，力争掌握社会主义文化建设制高点，弘扬社会主义先进文化，提升国家文化建设软实力，成为世界文化先进性建设的倡导者和推动者。

（二）我国图书馆学核心价值观必须是具有理念性、目标性的

民主是社会价值取向的理念性要求，发扬人民当家做主的民主精神是目标性的价值取向。我国图书馆学坚持和发扬人民当家做主的民主价值取向，必须以遵循社会主义法治为基础。法治是推动民主价值成效的保障，我国图书馆学核心价值观的历史属性已经决定了以法治保障民主的必要性和必然性。我国图书馆学核

心价值观中所倡导的民主价值，是具有社会主义性质的，可实现民主社会的良好状态，其是对人民群众的每一位成员社会生活的尊重，真正体现出社会主义民主的普遍性和优越性。

（三）我国图书馆学核心价值观必须具有普遍基础性，是持久性的价值取向，而不是次生的、短暂的

我国图书馆学核心价值观体现着我国社会主义制度的先进性，是与社会主义核心价值观相辅相成的价值思想表述，因此，不能三天两头地变更、替换，必须长期保持持续性。我们可以与时俱进地发展我国图书馆学核心价值观的时代性目标和一般性价值内容，但核心价值观的社会主义本质属性是稳定的、恒久的。

（四）我国图书馆学核心价值观必须具有广阔的包容性，而不是单维性的

民主既是公正的民主，也是法治的民主。公正是民主的根本，法治是民主的保障。我国图书馆学核心价值观要海纳百川，具有民主的包容性，以公正为根本，以法治为保障。我国图书馆学核心价值观要体现尊重人的自由权利和实现共同富裕的精神理念，真正体现以人为本、社会和谐。我国图书馆学核心价值观提倡“保障每个人权利是整个社会人权实现的前提条件”，每个人权利的实现促进着所有人权利的实现。我国图书馆学核心价值观所倡导的民主价值蕴含着和谐，因为人类社会中只有充满仁爱、诚信、友善，才能达成和谐的状态。同时，和谐也包含着对生命的敬重、对事业的炙热和对历史的尊重。

（五）我国图书馆学核心价值观必须是代表历史前进方向并具有国际性意识的理念

代表历史的前进方向是对我国图书馆学文化理念建设的客观要求，也成为我国图书馆学核心价值观的价值体现。多年来，我国图书馆学始终坚持社会主义先进文化发展的前进方向，并以具有特色的、多民族的文化理念特征形成文化自信和理论自强。在国际社会精神世界里，我国图书馆学要以社会主义核心价值观为

指向，代表社会主义先进文化的前进方向，力争位居意识形态和道德精神的制高点，提升国家文化建设软实力，代表中国发出中国声音，推出中国理念。

二、我国图书馆学核心价值观国际传播的历史意义

当今世界，各种思潮风起云涌，思想交流、交锋日益频繁。社会主义核心价值观是我国社会主义先进文化的核心内容，展现了民族气质，代表了国民形象，实施国际传播已经成为社会主义先进文化走上国际文化舞台的必然路径。我国图书馆学核心价值观突出表现社会主义制度的优越性，是在社会主义先进文化的指导下形成的与社会主义核心价值观一脉相承的文化精神产品，参与国际传播是我国图书馆学展示精神理念的绝好机会，也是义不容辞的责任。习近平总书记指出："价值观念在一定社会的文化中是起中轴作用的，文化的影响力首先是价值观念的影响力。世界上各种文化之争，本质上是价值观念之争……首先要打好价值观念之争这场硬仗。"[1]因此，我国图书馆学实施文化传播，本质上是社会主义先进文化价值观念的传播。同时，社会主义核心价值观所具有的政治、经济、文化品性反映了人民群众价值认同的最高境界，在国际形势复杂、动荡的交汇时期，社会主义核心价值观成为资本主义意识形态和社会主义意识形态交汇、冲突的核心领域。为此，我国图书馆学如何在国际传播的进程中保持我国民族文化的特质，确保在复杂的世界文化理念中坚定价值信仰，增强文化自强和文化自信，是在国际理论研究和实践发展中亟待回应的时代问题。

社会主义核心价值观国际传播路径是从价值体系走进传播体系、从国内社会走向国际社会。我国图书馆学应遵循构建文化交流平台、树立国家文化形象、达成文化价值理念共识的原则，通过理念推介、信息传播、融合交流等方式，更好地发出中国声音。

（一）我国图书馆学核心价值观国际传播的根本立场

习近平总书记指出："要尊重世界文明多样性，以文明交流超越文明隔阂、

[1] 中共中央文献研究室.习近平关于社会主义文化建设论述摘编［M］.北京：中央文献出版社，2017：105.

文明互鉴超越文明冲突、文明共存超越文明优越。”[1]我国图书馆学核心价值观与西方国家价值观念的意识形态存在着立场定位的差异。我国图书馆学核心价值观突出表现社会主义先进文化的优越性，在国际传播中力求表现出文化自信基础上的交流互鉴。构建文化交流平台、树立国家文化新形象、达成文化价值理念共识是我国图书馆学核心价值观国际传播的根本立场。

我国图书馆学在国际传播过程中要构建文化交流平台。世界历史发展告诫我们，人类文化发展关涉价值观标准。文化是我国图书馆学核心价值观的本质属性，我国图书馆学国际传播的目的是文化理念的交流，进而达成价值理念的认同。任何一种文化理念都不会独立地存在，必须打破壁垒，跨越前嫌，形成共同的理念价值。马克思曾经预言：“资产阶级开拓了世界市场，使一切国家的生产和消费都成为世界性的了……物质生产是如此，精神生产也是如此。各民族的精神产品最终会成为公共财产。”[2]随着经济全球化发展，我国图书馆学核心价值观充分体现了社会主义先进文化，作为体现中华民族优秀文化的理论支撑，我国图书馆学文化精神国际传播搭建了促进文化交流的平台，在传播内容上是以文化产品为载体的图书馆学文化理念传播，在传播方式上是各国价值文化与中华民族文化的交流、交汇、交融。

我国图书馆学在国际传播过程中要树立国家文化新形象。社会主义现代化建设发展至今，我国已经成为世界第二大经济体，并以和平发展为方向，具有迅猛的前进势头。新时代的我国图书馆学国际传播文化理念，已经在世界文化理论发展中有了新的价值认同，担当历史责任，树立文化新形象。自鸦片战争到新文化运动，我国图书馆学的国际传播一直处于封闭状态，树立国家形象也因文化软实力差而未能呈现在国际舞台上。新中国成立后，政治上独立自主，经济上快速发展，我国图书馆学文化理念在国际上的关注度越来越高，为此，我国图书馆学需要树立文化新形象，并在国际不同文化理念的互动中明确形象认同和价值认同。

---

[1] 习近平.决胜全面建成小康社会　夺取新时代中国特色社会主义伟大胜利：在中国共产党第十九次全国代表大会上的报告［M］.北京：人民出版社，2017：59.

[2] 马克思，恩格斯.马克思恩格斯文集：第一卷［M］.中共中央马克思恩格斯列宁斯大林著作编译局，编译.北京：人民出版社，2012：404.

我国图书馆学国际传播就是以文化为媒介，“提高国家文化软实力，要努力提高国际话语权。要加强国际传播能力建设，精心构建对外话语体系，发挥好新兴媒体作用，增强对外话语的创造力、感召力、公信力，讲好中国故事，传播好中国声音，阐释好中国特色”。[1]作为具有社会主义性质的我国图书馆学核心价值观，需要通过文化交流秉持价值取向，以价值观引导力和理论吸引力树立我国文化新形象。

我国图书馆学在国际传播中需要达成文化价值理念共识。人类文明的接续前进，并不可能只有一条道路，我国图书馆学核心价值观中“和”与“同”的意义解释体现了对世界各国家、各地区不同价值观的尊重，文化交流体现了人文精神的包容性，各个国家的价值文化都要遵守求同存异的准则。我国图书馆学核心价值观的国际传播，是让国际社会听到中国声音、了解中国价值，形成世界多元融合的价值共识。习近平总书记强调：“各国历史、文化、制度、发展水平不尽相同，但各国人民都追求和平、发展、公平、正义、民主、自由的全人类共同价值。”[2]事实上，我国图书馆学核心价值观的形成是以社会主义核心价值观为指导的，具有文化属性的共通性，不同文化背景的人都可以通过国际传播的文化交流达成基本一致的观点和态度。我国图书馆学核心价值观的国际传播，其目的是不同文化价值观通过传播、交流，达成价值观念的一致，在保留本质的情况下形成世界文化的公分母。我国图书馆学核心价值观国际传播，力图形成一个视域融合的局面，认同多元价值的差异并逾越不同认知的偏见，进一步形成互交互融的新视域。我国图书馆学核心价值观的国际传播关注世界文化，注重世界文明，尊重各国文化价值的差异，同时维护国际社会文化价值的多样性。

（二）我国图书馆学核心价值观国际传播的运行方式

习近平总书记在中共中央政治局第三十次集体学习时强调：“构建具有鲜明

---

[1] 习近平在中共中央政治局第十二次集体学习时强调　建设社会主义文化强国　着力提高国家文化软实力［N］. 人民日报，2014-01-01（1）.

[2] 习近平.加强党政合作　共谋人民幸福：在中国共产党与世界政党领导人峰会上的主旨讲话［N］. 人民日报，2021-07-07（2）.

中国特色的战略传播体系，着力提高国际传播影响力、中华文化感召力、中国形象亲和力、中国话语说服力、国际舆论引导力。”[1]在现实中，我国图书馆学核心价值观国际传播必须建立行之有效的运作方式，在总体上包括精神内容的价值超越、传播方式的多元并进、支撑体系的文化转型。在国际传播中，发挥精神内容、传播途径、文化体系紧密关系的作用，形成我国图书馆学核心价值观传播运行的特有方式。

1.精神内容的价值超越

在精神内容上实现超越，是我国图书馆学运行体系的基础和关键所在。我国图书馆学核心价值观内容不难理解，它是社会主义核心价值观相关文化精神的具体表现。我国图书馆学向国际社会所传播的是如何在世界文化理念的交流、碰撞中体现自身的价值优势，并占据价值体系制高点，以文化自信的状态彰显社会主义文化的先进性，并力求以高尚的文化自觉引领世界价值文化趋向。只有如此，我国图书馆学核心价值观才能有效地进行国际传播。我国图书馆学确定核心价值观，图书馆学本身就具有超越性。我国图书馆学核心价值观的超越性体现在我国社会主义制度的优越性上。相比资本主义制度，我国社会主义制度因以马克思主义思想为指导而具有制度上的优越性，这是由我国社会主义事业发展的本质所决定的。在社会主义核心价值观的指导下，产生了我国图书馆学核心价值观。我国图书馆学核心价值观具有社会主义文化的先进性特征，并且其先进性是符合国际传播要求的。

实施我国图书馆学核心价值观的国际传播，在超越性上表现在两个方面：一是超越本土文化的跨时空传播。我国图书馆学核心价值观进入世界价值文化领域，与不同文明理论进行碰撞、交流，借鉴世界文明优秀成果，实现自我超越，这是仅在本土文化建构时所不能达到的。二是国际传播一旦开始，势必要推行具有中国文化立场的价值话语体系，彰显社会主义核心价值观的时代性和先进性，这是我国图书馆学国际传播必须坚持的基本原则。因此，我国图书馆学国际传播必然会形成精神内容的价值超越，既为传播理论提供立场定位，又为传播实践提

[1] 周洪宇，李宇阳.建设教育强国［M］.北京：中国青年出版社，2022：281.

供方向指引。

2. 传播方式的多元并进

多元并进的传播体系是我国图书馆学核心价值观向国际传播的主体，在我国图书馆学运行过程中发挥着重要作用。我国图书馆学国际传播具有直观性，也具有复杂性，需要图书馆学主体主动作为，还必须构建符合传播规律的话语体系。国家政府组织主体通过参与国际事务来充分传播和广泛宣传我国图书馆学核心价值观，社会民众通过实践活动展示核心价值观的文化魅力。注重我国图书馆学核心价值观的转化，在精神理念与国际接轨的同时充分展示中国精神的立场，同时进一步开发新的文化产品，提升国际传播的整体效能。我国图书馆学核心价值观国际传播多元并进、高效运行，确保了我国文化被国际社会理解和认同。

3. 支撑体系的文化转型

支撑体系的文化转型对我国图书馆学运行起到了保障作用。文化转型是我国图书馆学核心价值观国际传播有效进行的支撑力量。在国际传播中，关键问题是国际社会如何理解和接受我国图书馆学核心价值观的优越性。文化自觉是对文化的自我反思和理性审视。处于文化历史空间的我国图书馆学主体对文化的理解有自知之明，我国图书馆学文化建设是为人民群众服务的，是先进文化的具体表现。我们还要了解国际社会中的其他文化，妥善处理好本土文化与外来文化之间的关系。

从价值观取向上讲，文化自觉是文化自信的前提与基础。因此我国图书馆学核心价值观的国际传播必然面临着文化转型的问题，即由文化自觉转向文化自信。我国图书馆学核心价值观的国际传播需要有文化转型的支撑才能顺利实施，一方面是基于文化自觉实施创造性的转化。通过不断凝练我国图书馆学核心价值观的精神内核，促进核心价值观理念占据国际社会文化价值制高点。另一方面是基于文化自信实施批判性重建。针对国际社会文化理念进行批判性重建，把握好我国图书馆学核心价值观真谛，明确命题和观点，创新价值资源和文化载体，进而在国际交流中讲好中国故事、传播好中国声音。

第五章 我国图书馆学文化治理体系和治理能力现代化建设

第一节　我国图书馆学文化治理机制及其路径选择

党的十九大报告指出：“文化兴国运兴，文化强民族强。……要坚持中国特色社会主义文化发展道路，激发全民族文化创新创造活力。”[1]由此，我国图书馆学在文化传播和文化建设中要秉持社会主义核心价值观，汇聚中国力量，彰显中国精神，推动社会主义先进文化长效、持续发展。在新时期，我国图书馆学的文化建设，应促进传统、单一化的文化管理体系向现代化、多元化的文化治理体系转变。文化治理以体系化结构形式存在，在我国图书馆学文化治理中发挥着重要作用。有效使用这种多元化文化治理方法，能够科学定性我国图书馆学文化治理的路径，实现我国图书馆学文化治理体系和治理能力的现代化发展。

---

[1] 习近平. 决胜全面建成小康社会　夺取新时代中国特色社会主义伟大胜利：在中国共产党第十九次全国代表大会上的报告［M］. 北京：人民出版社，2017：40.

一、加强我国图书馆学的文化治理机制建设，成为文化发展的不竭动力

多个方面的关系发生耦合作用就形成了机制，单一的方面不具备形成机制的条件。从人与物的关系上讲，机制是多个组织之间相互联系、相互制约、相互影响的内在运行过程，也由此形成了机制运转的内在发生规律。我国图书馆学的文化治理不同于一般性的社会治理，文化治理是由我国图书馆学文化理念形成的特殊性决定的。在国家体系里，文化是政治与经济、物质与制度、价值与行为的复合体，而我国图书馆学的文化治理就是对这种复合体进行多维度的运作，它反映了我国图书馆学文化建设中治理结构形式的安排。

首先，我国图书馆学建立、完善文化治理机制明确了发展方向。治理主体多元化引发治理形式多样化，治理的作用和产生的影响也不一样，同时不同的治理机制会限制、决定文化的发展方向。为此，在我国图书馆学文化治理的过程中，为了保障我国图书馆学的人文文化的价值取向，必须组织协调文化治理机制并综合运用它，因为“文化从来不是一个与世隔绝、自成一体的实体。在引发世界变化时，文化常常会进行综合判断，以显示一个社会的精神状态、愿望诉求，一个时期的进步或倒退，一个人群的愿望与失望”。[1]我国图书馆学文化建设表征的是新时期社会主义核心价值观理念，对文化治理机制进行合理的组织协调、综合运用，有利于摆正价值导向，激发我国图书馆学建设和传播文化的正能量。例如，我国图书馆学数字化文化治理的关键在于实施文化资源的整体性建设，文化治理既包括生产与消费，还包括制度与策略，这充分显示了我国图书馆学在社会层面的价值取向，而我国图书馆学的文化信任机制主要偏向于忠实守信原则，文化诉求机制主要偏向于满足人民群众的信息利益需求表达。我国图书馆学的文化治理实施离不开社会主义市场经济体制的运作，我国图书馆学文化市场机制的标准是社会效益第一，经济效益统一在社会效益之中。

其次，我国图书馆学建设、完善文化治理机制提升了发展品质。从社会主义

[1] 让-路易·鲁瓦.全球文化大变局［M］.袁粮钢，译.深圳：海天出版社，2016：88.

文化建设的实践经验来看，社会文化治理机制决定着社会文化发展水平，计划经济体制指导下的文化建设是统包统办的整体性的文化单一效应的产出，虽然遵守了党管意识形态的方针政策，但是计划经济体制下的文化事业与文化治理机制不匹配，导致我国图书馆学文化发展的社会性和市场经济性表现不明显。新时代，我国图书馆文化惠民工程的作用效果明显，社会主义核心价值观融入图书馆学社会生活内部，人文精神面貌焕然一新。这些显著成效的出现关键在于科学构建我国图书馆学文化治理机制产生了效用。我国图书馆学要以文化的理念建设来激发社会民众的参与热情，通过文化机制的建立促进我国图书馆学文化建设的强势发展。

最后，我国图书馆学建设、完善文化治理机制增强了发展软实力。文化软实力表现的是人们对文化精神的凝聚力和影响力，进一步说，文化软实力包括文化服务的亲和力、文化生产的竞争力和文化传播的持久力。我国图书馆学文化精神的凝聚力和影响力不是外在力量赋予的，而是弘扬社会主义核心价值观心折首肯的结果。我们要凝聚国家精神、汇集社会力量，建立人民群众文化需求协调机制，进而“转化为人们的情感认同和行为习惯”。[1]社会主义文化治理，提高了我国图书馆学的文化话语权，这靠的是人、现代技术、市场经济体制运作的综合发力。持续地保持我国图书馆学的文化传播力和文化话语权，不仅关涉文化传播方式的多样性，还取决于文化品质的软实力。

二、明确我国图书馆学文化治理机制类型，形成文化治理内涵和运行机理的最大效应

我国图书馆学文化实践经验赋予了文化治理机制本质特征。依据当前我国图书馆学文化建设实践总结，可以把我国图书馆学文化治理机制确定为四部分内容，即网络与信任机制、行政与诉求机制、市场与激励机制、制约与协调机制。只有明确了我国图书馆学文化治理机制的内在机理，才能调整或整合我国图书馆学各类文化思想理念，凝聚文化力量，形成我国图书馆学文化治理持续发展的合力。

---

[1] 习近平.决胜全面建成小康社会　夺取新时代中国特色社会主义伟大胜利［N］.人民日报，2017-10-18（1）.

（一）网络与信任机制

我国图书馆学网络治理机制是对应于互联网常态化运行、科学化管理的机制。在这个组织结构里，我国图书馆学所指定的社会主体、文化主体和政治主体共负历史责任、共享历史成果。我国图书馆学网络空间的特征是以自我为中心的，因而出现了突出自我意识的多元化的虚拟空间，同样，文化网络治理机制应该也是多元化的文化治理形态。文化精神指导和服务我国图书馆学主体，再加上社会民众对文化需求的多样化和文化市场运作的动态管理，都要求我国图书馆学的文化建设由政府行政行为管理向社会状态自由文化治理转变。在我国图书馆学这个复杂的网络体系中，参与的主体都是自由的、平等的，都是以交流、协商的方式进行图书馆学文化治理的。西方国家图书馆采用公共性与经营性并行的运行机制进行文化治理，其最明显的特点是以经营企业的治理特长参与图书馆的文化治理，使政府职能部门的文化行政权、企业部门的有效管理经验、图书馆的公共服务能力有机地结合起来。以此为鉴，我国图书馆学可以构建特许运作的文化治理机制，即将我国图书馆的公共文化服务的治理权转包给经营文化的企业，关于文化治理机制的实施与执行以合同的形式为保证，这样就能够很好地借用经营企业文化治理的经验和优势，清晰界定政府机构权力监督和干预的界限，有力地推动我国图书馆学文化治理的良性发展。

我国图书馆学文化治理机制是一个复杂的系统，信任机制是这个复杂系统中的关键子系统。它表现出服务与被服务的双方以“诚信”为基础相互衬托。我国图书馆学文化治理离不开规则制定、制度建立等理性安排，然而规则制定、制度建立也是有限的。随着社会结构的复杂化，文化主体呈现多样化的发展趋势，这导致了我国图书馆学依靠规则、制度进行文化治理体系的管理已经不再是灵丹妙药，尤其是对于那些对文化精神有强烈需求的社会民众，我国图书馆学的行规和制度的科学性和可行性所起到的作用有所弱化，极有可能陷入“塔西佗陷阱”。在西方发达国家图书馆学的文化治理过程中，信任机制的维护也是最为棘手的问题。在美国教授约翰·克莱顿·托马斯看来，“即便是大多数公民在政府的劝导下参与了决策，事情也并不一定是轻松了。据观察，公民与政府之间相互不怎么信任，至少是在参与开始的时候就是这样的”。[1]缺少信任的参与只能是各自打自己的“小算盘”，信任机制的目标达不到，系统或组织的目标也化为乌有。我国图书馆学的信任机制需要社会化和民众化，也就是通过社会和民众的共同塑造，形成凝聚力强的系统或组织文化。当我国图书馆学的话语权和文化建设效率提高了，消除了主体思维存在的私利隐患，学科理论的公信力提升了，通过教育、培养，人们的社会责任、规矩规范、热心奉献的意识增强了，才会为我国图书馆学信任机制的建立奠定基础。

（二）行政与诉求机制

无论我国图书馆学的文化治理机制从哪一个方面入手，政府的行政运作都不可或缺。但是在社会文化多元化发展的时代，仅以政府的行政权来维持文化治理延续，明显是力不从心的，必须联合经济市场运行、企业生产运作、社会组织治理综合发力。我国图书馆学文化治理的行政机制就是明确行政权力在文化治理中的作用，进而加强与社会、市场、企业的互动联系。在世界文化治理的范围内，国情不一样、价值观不一样，图书馆学文化治理制度的行政机制也不同。我国的政治制度决定了社会先进文化的发展方向，政府的政治领导权力在社会文化治理中处于主导地位，政府是我国图书馆学文化治理制度的制定者，也是我国图书馆学实施市场化文化机制的监督者。当前，我国图书馆通过行政职能绩效考核和问责来保障图书馆学文化治理机制的正常运行。我国社会文化治理中的社会主义核心价值观已经融入社会、深入人心，因此在我国图书馆学文化治理体系中建立行政职能绩效考核制度和问责机制是非常有必要的，可以促进对我国图书馆学文化治理水平不高、责权脱节等不良现象的治理。

我国图书馆学文化治理中的诉求机制，是指民众、企业、社会团体等参与主体通过政府确定的渠道向文化职能管理部门报告愿望并提出要求的方式方法。随着经济建设稳步发展，人们参与我国图书馆学文化建设和文化治理的愿望也在与日俱增，随着诉求机制的建立，文化治理过程中的文化精神问题得以妥善地解

[1] 约翰·克莱顿·托马斯.公共决策中的公民参与［M］.孙柏英，译.北京：中国人民大学出版社，2014：25.

决。目前，在我国公共文化传播领域存在的问题是文化基础设施匮乏、文化活动形式缺乏多样性、文化资源宣传力度不够。这些问题的解决单靠行政命令是不够的，必须坚持群众路线，以社会民众的文化诉求来统领我国图书馆学的文化治理工作，形成切实可行的诉求机制。为此，我国图书馆学的文化治理既要采取现代化技术手段来提高治理效率，也要坚持走群众路线来表达社会民众的文化治理诉求。

（三）市场与激励机制

在我国图书馆学文化建设的过程中，文化精神的产出与供给脱节仍然是我国图书馆学文化治理中存在的主要问题，基于此，我国图书馆学文化建设也需要进行供给侧结构性改革，市场机制强有力的杠杆调节是解决我国图书馆学文化治理产出与供给脱节问题的有效举措。我国图书馆学文化市场机制建设内容是较为丰富的，如文化产品的流通渠道规划、文化精神产品的质量评价等。真正成熟的我国图书馆学文化市场机制是没有地域差别的，网络化的文化市场机制已经发挥了重要作用。

激励机制在我国图书馆学文化治理中起催化剂的作用，可以说激励机制是推动我国图书馆学文化建设发展的加速器。我国图书馆学以文化产品来展示文化效果，建立激励机制是为了通过文化活动，形成产品，激发社会民众感受，获得体验感。由此可见，我国图书馆学文化激励产生的效果与文化基础设施的现代化程度有关。在我国文化市场运作过程中，大部分文化产业是由文化消费拉动的，国家经济快速发展正在促进我国图书馆文化消费规模不断扩大。鉴于此，在国家经济快速发展中，我国图书馆学文化治理在市场经济中免费供给、廉价销售、鼓励消费的做法逐渐为人们所接受。与文化激励机制联系最为密切的是文化建设的资本投入。突破资本投入“瓶颈”，扩大文化建设投入，保障激励机制的实施运行。我国图书馆学实施文化治理需要有文化科技创新的支持，因此，创建科技创新平台、发挥创新团队的创造力、选拔科技创新带头人都是有利于我国图书馆学文化激励机制作用发挥的有力保障。

（四）制约与协调机制

制约机制是指治理体系中各子系统相互约束而形成规范的运行方式。其中法律的遵守、法规的执行是核心，例如我国已经制定了《公共图书馆法》《普通高等学校图书馆规程》《公共文化服务保障法》《非物质文化遗产保护法》等，这些法律法规具有强约束性，对我国图书馆学界文化精神研究与创作的不正当竞争以及违背文化意识形态的论调可以起到追责制裁的作用。同时，经济市场化杠杆调节与图书馆行为自律也能发挥制约作用。我国图书馆学文化治理范围内的行业自律在世界上是通行的，就像国际投资、利润生成等调控手段制约文化资源配置一样，我国图书馆学实施行业自律、法律法规联动治理将是进行文化治理的最佳方法。

我国图书馆学有效地实施文化治理，建立协调机制是不可或缺的。文化治理的参与主体为了达到目标总是存在着美好的愿望，但是由于社会文化条件的限制和文化矛盾问题的存在，达到预期目标有一定的难度。为此，我国图书馆学明确建立协商机制，目的在于促进文化资源整合、文化技术优化，切实关注和解决文化治理中的矛盾问题。我国图书馆学文化协调机制的主导者是政府文化管理职能部门，职能部门可以运用法律法规、社会公信力的优势实施文化利益的仲裁、规章制度的执行、机制秩序的协调，由此在协调解决文化矛盾问题时，职能部门需要以法律法规为依据，与图书馆文化治理体系中的文化建设主体进行沟通协调，寻求解决文化矛盾问题的方法。作为文化管理职能部门，如何严格控制又如何适度放松管控，保持两种情况之间的张力，是我国图书馆学在文化协调机制中所追求的。

三、实施综合创新与系统治理，畅通我国图书馆学文化治理路径

我国图书馆学文化建设的复杂多样性决定了文化治理路径的创新性，这需要我国图书馆学的文化治理以习近平新时代中国特色社会主义思想为指引，科学理解、全面把握社会主义核心价值观理念，形成文化精神共享发展的格局。

（一）以社会主义核心价值观为基础，树立我国图书馆学文化治理的整体化观念，不断提高文化治理的软实力

首先，协调、凝聚文化共识，推动我国图书馆学积极因素同时发力。我国图书馆学以文化治理为目标传承了中华传统文化的精华，主动参与世界理论对话，借鉴发达国家经典文化思想，促进我国图书馆学成为中国特色社会主义文化治理道路上的明灯。由此，其一，将我国图书馆学文化建设理念融入社会主义核心价值观之中，促进我国图书馆学文化理念的表达是应然判断，并不代表强制效力，要用文化道德观念来规范我国图书馆学文化治理行为。然而社会主义核心价值观的传播也离不开法律法规的支撑。法律法规赋予社会主义核心价值观神圣使命，促使我国图书馆学的文化价值魅力显现出来，对其进行文化治理必然成为文化精神生发动力的源泉。其二，我国图书馆学要牢牢把握意识形态主动权。新时代我国图书馆学文化建设更为复杂多变，自由主义、虚无主义、民粹主义思潮尘埃飞扬，我国图书馆学有必要从文化治理上清除各种主义思潮的负面影响，促进社会主义核心价值观的价值认同，使理想信念、价值理念、道德观念凝聚在一起。其三，我国图书馆学的文化治理要汇集社会多种文化力量进入文化建设中。我国图书馆学所建立的文化治理机制向我们说明，文化治理既是政府行为也是社会民间行为，文化治理的客体是多元化的，如果仅靠政府行政权力的支持，就会返回到计划经济“统包统办”的老路上去。如果一切都依靠社会民间组织和个体，会因力量单薄而迷失方向。鉴于此，汇集并整合社会多种文化力量，分工合作、协同共进，才是我国图书馆学文化治理机制运行的最佳方式。

其次，坚定文化自信，促进我国图书馆学文化建设可持续发展。“文化自信是一个国家、一个民族发展中更基本、更深沉、更持久的力量”，[1]文化自信是我国图书馆学实施文化治理取得良效的重要保障。由此，其一，传承中华优秀传统文化，激发和增强文化精神的创造性和创新性。放弃中华优秀传统文化就等于

---

[1] 习近平.决胜全面建成小康社会　夺取新时代中国特色社会主义伟大胜利：在中国共产党第十九次全国代表大会上的报告［M］.北京：人民出版社，2017：23.

我国图书馆学自损文化血脉、自毁文化基因。在我国历史进程中，由于特殊原因和特殊情况，曾对传统文化全面否定和诋毁，历史教训是惨痛的，值得人们深刻反思。其二，传承中国革命文化，以革命文化精神引领我国图书馆学文化治理的方法论建设。革命文化是我国无产阶级在革命斗争中总结和积累的宝贵精神财富，也正是弘扬和传承这笔宝贵的精神财富，我国图书馆学才有了坚定的文化自信，才能更为主动地进行社会主义文化治理体系构建和促进文化治理能力现代化发展。

（二）以创新文化运行机制为突破口，树立我国图书馆学文化治理的国家主导观念，全面提升政府文化治理监管与调控能力

首先，建立健全文化管理制度，增强我国图书馆学文化治理机制创新能力。其一，正确对待政府职能部门行政运行方式，协同力量，提升我国图书馆学文化治理效率。习近平总书记在党的十九大报告中指出：“在省市县对职能相近的党政机关探索合并设立或合署办公。”[1]这对政府职能部门之间关系的正确理解做出了科学的指导。我国图书馆学文化治理体系的科学建立也从政治意识的角度促进了国家政府行政管理的高效化。其二，健全我国图书馆学文化治理规章制度体系，补充薄弱治理环节力量配备。我国文化法律、法规已经相当完善，但是对于特定的我国图书馆学文化建设的前沿思想分析，其规章制度的制定相对滞后，这也是我国图书馆学亟须加强制度建设的一个重要方面。

其次，理解政府行政权力组织实施的架构体系，实现我国图书馆学文化治理体系和文化治理能力现代化。政府领导我国图书馆学的文化治理，党组织负责定方向，政府负责抓落实。强化我国图书馆学文化治理，“既不能党政合一，也不能党政分开，而是要坚持实行党的全面领导。党执政是通过党选派领导干部按照法定程序进入国家权力系统、掌握实际权力来实现的。党同政权机关的性质不同，职能也不同”。[2]为此，其一，我国图书馆学在文化治理中要充分了解科学设置国家权力架构体系的实际情况，切实做到文化治理沟通协调与依法依规相结

[1] 中共中央党史和文献研究院.中国共产党的一百年　中国特色社会主义新时代［M］.北京：中共党史出版社，2002：1203.

[2] 卢汉龙.创新社会管理体制［M］.上海：上海社会科学院出版社，2008：113.

合。从整体来看，我国图书馆学的文化治理有其特殊性的一面，意识形态具有复杂性，对社会环境的要求在不断变化，这给我国图书馆学文化治理带来了更大的挑战。所以，在我国图书馆学文化治理中要明确要求和促进政府权力实施的全局性、法治性、协同性。其二，理顺政府与我国图书馆学文化治理主体之间的关系，提高文化治理效果。在我国图书馆学文化治理中，政府不仅要发挥领导作用，还要起到引导社会民众、企业民间团体广泛参与的作用，政府职能部门与它们之间是合作共赢关系，而且也必须推进文化治理由“强政府、弱社会”向“强政府、强社会”转变。

（三）以满足社会民众文化精神需求为宗旨，树立我国图书馆学文化产品全民共享理念，不断提高社会公共文化服务水平

首先，坚持以人民为中心的发展思想，以人民群众的力量集中建设我国图书馆学文化。强化文化建设，以此促进人民群众道德观念的提高。为此，其一，着眼于实现社会主义文化思想“五位一体”的整体协调发展。把我国图书馆学文化治理视为思想灵魂建设工程，通过文化治理触及人们思想的道德价值观。其二，不断革新服务方式，扩大我国图书馆学文化服务的受众范围。我国图书馆学的文化服务一直存在着城乡或地区的差别，“消除差别”也是我国图书馆学文化治理的重中之重。我国图书馆学以文化建设为契机，消除地域差别，普及科学文化，提高文化资源的共享率，更好地为我国经济社会发展服务。其三，挖掘创新创造潜能，提升我国图书馆文化产品质量。图书馆服务品质的好坏取决于文化产品质量的高低。我国图书馆学文化建设所产出的每一件文化产品都蕴含着人的情感因素和价值指向，有创意、有见地的文化产品是市场运行所需求的，这样的文化产品不仅能够得到社会民众的认同，还能调动社会民众的审美情趣，提高社会精神文明的程度。

其次，以文化服务激发社会民众参与热情，增强我国图书馆学公共文化服务效能。在治理中，为了体现文化服务的共享性和均等性，必须实施政策优化。其一，发挥政府职能部门的主导作用，确定政府与我国图书馆学文化治理主体协调与被协调的关系，遵循文化职能部门的科学领导原则，提升社会民众公共文化参

与的积极性。其二，转变职能，协调社会力量参与我国图书馆学公共文化服务。2015年，我国文化部制定了《关于做好政府向社会力量购买公共文化服务工作的意见》，其目的是创新公共文化服务模式，吸引社会力量参与公共文化服务，以多元化主体参与的方式实现文化项目与社会民众文化需求的对接。我国图书馆学文化治理的目的之一是转变公共文化服务职能，实施社会购买公共文化服务工作。这也是我国图书馆学文化建设的必然要求。其三，以“繁荣发展社会主义文化”为主题，广泛培养我国图书馆学文化建设人才。优秀的文化产品之所以得到广大社会民众的认可和传颂，关键在于优秀文化建设人才的创新和创造。相反，那些没有把群众利益放在首位，只为经济效益而哗众取宠的文化产品，终究不会行之久远的。

第二节　我国图书馆学文化治理体系和治理能力现代化文化逻辑关系

坚定文化自信，推动社会主义文化繁荣兴盛，以此促进图书馆学文化治理体系和治理能力现代化成为业内制度管理创新的一项重要任务。这也要求我国图书馆学内在的文化治理体系和治理能力现代化必须遵循中国特有的文化逻辑关系。这种文化逻辑关系就是在认同社会主义文化本质是一种传播和传承的基础上，让文化精神的创新发展依据科学逻辑组织起来。我国图书馆学界从文化治理的角度分析、构建一种新型的文化治理体系，有助于推动我国图书馆学内部文化治理能力现代化水平的提升。

一、构建文化治理体系，促进我国图书馆学文化治理能力现代化范式理论的形成

我国图书馆学从本质上可以视为理论精神发展的学术共同体，其文化治理不仅是一种制度安排，更是一种精神表达，是促进我国图书馆学治理能力现代化建设的真实反映。将文化精神融入治理的过程之中，促进文化价值性与我国图书馆

学权益性的有机结合，实现我国图书馆学文化治理的有效沟通和良性互动，逐步形成一种基于图书馆、联合企业、社会民间组织等利益相关群体的我国图书馆学文化治理机制。

（一）文化治理：我国图书馆学内在治理能力现代化的内在逻辑

文化是推动我国图书馆学治理能力现代化发展的主要驱动力，文化治理也就成为我国图书馆学文化建设的一种理论范式。人们对文化的认知是一个渐进的过程，文化治理随之也应是一个渐进过程。文化精神是指一个国家民族文化中占主导地位的价值观念与行为特征的总和，文化精神内在的规定性作用于社会文化形成整合的功能，说明了文化具有渐进实施社会治理的属性。文化本身是一种资本操作的能力，文化的再生产性促进其与权力的融合并进，共同参与社会治理。以理念为基础，参与社会治理，文化也由此体现出了政治意识，为此，文化治理也就存在合理性和合法性。福柯将文化意识与符号描述以权力实施的方式进行了整合，进而明确了社会文化与社会治理之间的关系。福柯以广泛的社会民众运动为基础将治理定性为针对社会阶层之间的博弈和斗争而采取的应对策略，社会阶层之间运用“应对策略”组织文化治理，促进了文化与治理在社会阶层上的联系。

在我国图书馆学文化治理理念中，文化既是被关注的对象又是实施的工具。从文化治理主体来看，我国图书馆学文化治理涉及图书馆本身、企业、社会民间组织等多元利益相关者的利益诉求。从文化治理功能来看，我国图书馆学文化治理通过社会力量组织运行图书馆制度、规则、技术，在文化意识和文化价值的引领下，发挥我国图书馆学文化精神整合的作用。文化治理强调社会文化整合由工具理性向价值理性转变，为了表达运行思想与实施行为逻辑，融精神于治理体系中，达到实现文化精神认同的目的，这也为图书馆学的政治化和经济化治理提供了恰如其分的文化情境，并不断强化文化精神在文化治理中的重要作用。我国图书馆学文化治理的本质表现为通过文化认同和文化精神整合，推动图书馆学自身的文化参与和文化自觉，实现行政管理控制逻辑向个体化的自我治理转变。

通过上述分析可知，我国图书馆学文化内涵是与文化治理精神相契合的，我国图书馆学内在的文化治理应是一种新的理论范式。我国图书馆学的文化治理始终保持着传统文化特征。这一关键特征就是我国图书馆学所特有的文化价值理念，它契合于理论研究者在我国图书馆学内部文化治理中发挥重要作用。在我国图书馆学治理能力现代化建设中，文化治理理论表达了价值精神和存在形式的有机统一，需要充分发挥文化有机统一属性的作用，将文化潜移默化地运用到我国图书馆学制度的运行之中，这种运用是我国图书馆学内在文化治理发展的必然结果。

（二）文化治理：我国图书馆学内在治理能力现代化的政策实施工具

现代图书馆已经成为复杂的、多元化的社会文化组织。图书馆发展至今，其与社会的界限越来越模糊，图书馆进社区、进企业、进乡村已经成为一种时尚趋势。我国图书馆学的内在治理成分多元且文化主体逐渐分化，这给我国图书馆学实施文化建设带来了前所未有的挑战。目前，实施的共同文化治理被视为我国图书馆学理论研究最为核心的制度理念。作为我国图书馆学的共同价值观，有90%以上的图书馆在实践着统一化的文化制度。进入21世纪，我国图书馆学面临着复杂、多变的社会价值观。无论是在理论研究上还是在实践探索上，我国图书馆学的文化治理都因不能适应社会的复杂性、多变性，面临着社会各界的质疑。在理论层面，珍艾瑞克、格入夫等理论家从“共同治理的保障——学术自治的实现程度”方面对现代图书馆学文化治理的可操作性提出疑问，并对现代图书馆学文化治理能否实现利益相关的文化共享产生怀疑。在实践层面，杜德斯达认为，文化治理没有很好地应对复杂的社会环境，导致共同治理功能紊乱情况的出现，权力与责任的关系被模糊，仅仅保持着对现状的维护，已经止步于对未来的探讨，导致现代图书馆学发展的暂时性停顿。经分析研究发现，我国图书馆学文化治理面临的理论困惑和实践困境，主要在于学科理念释放和政府行政主管部门主观管理策略实施之间存在文化治理价值观认知的歧义。为显现文化治理效果，我国图书馆学在治理革新上有意削弱政府行政主管部门的干预力度。在治理中，政府部门只是建议者，是否采纳与实施最终取决于实施文化治理的我国图书馆学多元化的特征主体们。对于我国图书馆学发展而言，文化治理制度安排和范式分析需要由图书馆学来执行，政府只要做好必要的服务管理即可。我国图书馆学文化治理改革，是自主提升图书馆学文化建设能力的治理行为，而我国图书馆学文化治理制度存在的缺陷和面临复杂社会环境的挑战，促使我国图书馆学文化共同治理的变革势在必行。实施文化治理的革新，促进文化治理在主体成分、政策规则、模式方法上与我国图书馆学文化逻辑相契合，形成文化治理新的理论范式，有利于克服我国图书馆学传统理念在文化治理实践中的困境，这也是推进我国图书馆学文化治理能力现代化建设的重要任务。

二、出现文化治理困境，生成我国图书馆学内在治理能力现代化的实践场域

在理论研究层面，文化被定性为我国图书馆学及其利益相关者传统文化交流的价值观念和道德信仰。由于文化利益的多元化，在我国图书馆学内在文化治理的实践场域中，存在着诸多文化困境，它们成为我国图书馆学文化治理能力现代化发展的障碍。

（一）行政与学术的文化分野

在我国图书馆学文化治理中，关涉到两个最为主要的利益相关者，一个是图书馆学本身，另一个是政府行政主管部门，两者遵循着不同的文化逻辑规则。从价值功能来看，政府行政主管部门以实施公共权力的管理效益为取向，具有行政文化的特征；我国图书馆学以弘扬学术、追求真理为取向，具有学术文化的特征。如果行政文化与学术文化分野而立，就无法达成文化价值共识的信任，由此会出现工具和价值之间的纷争，成为我国图书馆学内在文化治理的阻力。在我国图书馆学的文化建设中，文化治理遇到的挑战主要来自利益相关者之间缺乏理解和互不信任，主要表现为文化治理倾向于行政化管理对学术文化的过度管束，行政主管部门把图书馆学的理论研究、政治定位、价值观取向统统纳入严格管理的范围，出现按照行政管理方法死板规定我国图书馆学文化治理理论的案例。此外，我国图书馆学文化治理的功利化情况越来越明显，文化精神缺失、内在情感落实缺位，没有形成与我国图书馆学内在文化治理相适应的策略，这种历史性的缺失和缺位已经成为我国图书馆学文化治理能力现代化建设的阻力。

（二）科学的学术文化的藩篱阻隔

英国高等教育学教授托尼·比彻通过对学科文化属性的分析，把学科认定为独立的“学术部落”。为此，学科的学术文化成为学术团队遵循的价值理念，只有弘扬学术文化才能融入“学术部落”中，才能凝聚理论研究团队的学科精神。我国图书馆学对学科的理解与认同来自学术文化信仰，学科文化深入地影响着我国图书馆学文化治理理论的运行方式。学术文化作为一种引导与规训，在强化了我国图书馆学共同文化治理意识的同时也强化了图书馆学科合法性的隔离，导致我国图书馆学设置学术文化藩篱来保护自己的学术精神和学术边界，我国图书馆学发展成为“学术部落”，在维护自身学术领域的同时也埋下了文化冲突的伏笔。美国经济学家斯诺将科学主义实施的科学理念与人文精神分割成科学文化和人文文化两种类型。两种文化在价值取向上是不一样的，存在着价值观冲突。“非科学家有一种固定的印象，认为科学家的乐观主义态度是浅薄的，不清楚人的处境。而科学家则认为，文学家缺乏远见，不关心自己人，热衷于把艺术和思想局限于存在的瞬间。”❶

新科技的发展促进了社会知识生产的转型，也使像我国图书馆学这样的人文学科边界日益模糊，学科渗透和学科互涉成为我国图书馆学文化治理中的常态化操作。很明显，科学文化与人文文化发生冲突，消解了跨学科交流、学科融合的权威结构，一方面因为冲突的存在，影响了我国图书馆学管理制度建设并出现进一步扩大的可能性。我国图书馆学需要人文理念和科学技术的双重支撑，人文文化对我国图书馆学的发展，尤其是在理念支持度上贡献较大，而科学文化的优势地位对人文文化的挤压，使两者在我国图书馆学文化治理的话语权上存在冲突。另一方面，受学科评价的影响，我国图书馆学人文文化还受到外来文化的冲击，长此以往，必定会造成我国图书馆学的本土文化式微，有我国特色的图书馆学文化理念难以形成，与根植于中国国情进行理论研究、用科学研究助推本土文化发展的方向背道而驰。

---

❶ 斯诺.两种文化［M］.纪树立，译.北京：三联书店，1994：5.

（三）制度文化的价值避讳

帕森斯将现代图书馆视为一个文化系统，他认为“图书馆不同于官僚机构，也不是经营单位，但是它是能够同时向官僚机构和经营单位传送知识产品的文化代理组织”。❶我国图书馆学文化治理是在行政管理下，各个利益相关者承担不同的责任、扮演不同的角色而遵循的制度安排。从制度规则的角度来看，规章制度、行为规则、文化精神认知是我国图书馆学组织管理变迁的重要因素。从文化的本质来看，文化观念具有内在的自觉性，通过社会主体行为认同文化价值并刻印在社会秩序中，这说明文化具有社会治理的属性。为此，我国图书馆学的制度文化，既是一种制度化的管理措施又是一种文化的存在表现，前者注重规则和标准，后者注重精神和价值。我们要遵循文化发展规律，倡导学术自主和学术自由，重视价值理性。在我国图书馆学文化治理能力现代化建设中，关键在于文化治理结构的革新，即创新发展制度逻辑。但是，如果在制度变革中忽略了对制度文化的关注，导致制度文化价值避讳，就会影响治理效果，削弱治理革新力度。就像美国学者加里·巴尔迪所说的那样：“文化是任何一个改革时代应被考虑的因素。”❷如果治理革新没有涉及制度文化，那么文化治理的制度改革将会更加难以进行，甚至遭到抵制。

如果我国图书馆学文化治理与文化制度之间出现裂痕，将会引发制度安排和革新的合法性危机。文化价值观是我国图书馆学内在的沟通和交流的依据与基础，能够促进我国图书馆学学术自由交流和理念价值的平等参与及决策。如果用制度文化取代我国图书馆学的文化价值，则只是在技术上考虑文化设计，而既没有将文化道德、伦理因素融入我国图书馆学制度文化建设，也没有给予其应有的地位，这是我国图书馆学在文化治理中面临的关键问题。受自由主义思想的影响，我国图书馆学文化建设趋向于市场自由化，学术资本化将我国图书馆演变为一个学术市场交易中心，管理和绩效成为内在文化治理的主题。遵循市场经济制

---

❶ PARSONST，PLATTGM. The american university［M］. Cambridge，Massachusetts：Harvard University Press，1974：33.

❷ 施晓光.重塑文化：大学治理能力现代化之锥［J］. 探索与争鸣，2015（7）：21-25.

度逻辑，是为了强化审计文化建设促使我国图书馆学文化治理与市场经营逻辑保持一致。目前我国图书馆学内在的文化治理过于注重绩效而忽视学术的自由性，一旦弱化反思批判的力量，就会削弱我国图书馆学发展的责任担当，也就会避讳我国图书馆学内在的文化价值。

三、重构文化治理体系，明确我国图书馆学内在治理能力现代化的行动取向

我国图书馆学的文化治理是一种理念治理模式，美国社会学家奥格本的“文化滞差”理论说明，文化内部各组成部分发展速度不一样，文化制度率先发展，文化精神发展相对滞后。我国图书馆学重构文化治理体系，实际上就是“文化滞差”规律的反映，从制度到精神，构造了我国图书馆学文化生态系统，也实现了我国图书馆学从工具理性到价值理性的转变。

（一）标准化是制度文化的硬指标

我国图书馆学的制度建设既包括制度规则的执行又包括制度文化的传扬。制度文化本身就是规范的，具有普遍意义的，是以硬性的标准、规范对行为举止的硬约束。我国图书馆学文化治理就是要通过制度规则确立规矩意识，发挥制度文化的硬性指导作用来推动我国图书馆学内部治理能力现代化建设。

坚持党委机关领导下的政府行政主管部门负责制是我国图书馆学内在文化治理能力现代化发展的制度基础和标准核心。坚持党对我国文化事业的领导，是我国社会主义制度在文化领域的核心表现，也是我国图书馆学内在的文化治理能力现代化建设的关键所在。这就要求在我国图书馆学文化治理中要坚定政治权威，维护政府行政管理权力，构建有本土特色的我国图书馆学文化建设和治理的共享机制，把中国特色社会主义制度优势转化为我国图书馆学文化治理现代化的能力优势。

建立相关利益者共同参与的学术文化是我国图书馆学内在治理能力现代化建设的关键所在。对于我国图书馆学相关利益者来说，制度文化是一种合理、合规的精神表达，是将标准、规则作用于我国图书馆学主体约束的机制，并以此形

成符合制度规则的图书馆学治理行为。学术文化是适合我国图书馆学实际状况的实施文化治理的制度安排，其价值基础是学术自觉和学术自由。学术文化的价值体现在：一方面促进我国图书馆学自觉开展学术研究，另一方面为我国图书馆学的文化治理提供规范的制度措施。在制度文化方面，学术文化是我国图书馆学内在文化产生治理效果的制度载体，意义在于建立一种学术文化与制度文化相对平衡的规范体系，以制度的实施保证我国图书馆学学术研究的实施和决策权力的落实。实施和运用学术文化，一方面用来消解行政与文化的分野问题，另一方面用来消解科学文化与人文文化的冲突问题。要在我国图书馆学内在文化逻辑中形成学术文化的内聚力，为利益相关者参与我国图书馆学文化治理提供规范准则，促进我国图书馆学实现有效的文化治理。

关注社会基层的文化建设是我国图书馆学内在治理能力现代化的基础保障。我国图书馆学的文化治理需要社会基层组织群体的主动参与，形成文化共享机制，也就是利益共同体一致行动，以形成相互认同的文化理念价值观。共同的文化理念价值观提供了我国图书馆学基于互信和互建的行为规范，促使我国图书馆学的文化治理重心趋向于社会基层，重点是提升社会基层组织文化治理的参与度，激发学术文化研究的活力。在我国图书馆学文化治理内部建立相关利益者参与的文化机制，可以敦促各方发挥主动性，有效解决我国图书馆学泛行政化和逻各斯中心化问题。社会基层组织的广泛参与，促进了我国图书馆学制度文化与学术文化在制度管理下的互动与平衡，以文化权利共享、分配的方式，为我国图书馆学的文化治理和治理能力现代化建设提供了行为指南。

（二）柔性化是精神文化的软指标

相对于制度文化的硬指标，精神文化的柔性化治理才是我国图书馆学内在治理能力现代化建设的法宝。柔性化治理以相互作用和相互信任为基础，通过价值观认同来维持我国图书馆学与社会利益相关者之间的连接，是能够满足我国图书馆学文化治理精神文化需求的。我国图书馆学应通过精神文化的柔性化治理来切实发挥文化精神的价值引领作用。美国历史学教授布莱恩·蒂尔尼等指出，社会共治的关键不是创造一个紧密的系统，而是要在柔性联合的体系内改进决策的方法。[1]我国图书馆学改进决策的方法来自治理共同体的价值共识，通过文化精神的价值引领，我国图书馆学内在的软治理功能在文化治理能力现代化建设中发挥着关键作用。我国图书馆学实施核心价值观引领，首先，要坚持习近平新时代中国特色社会主义思想的理论信仰，这是我国图书馆学文化治理特色发展的必然要求。我国图书馆学文化治理能力建设的关键问题是现代化的转型，而且现代化的转型需要价值观信仰的支撑。精神文化具有特定的价值观，它能起到明确方向、提供精神动力的作用。我国图书馆学要以民族文化伟大复兴为大任，发挥社会主义先进文化的引领作用，使精神文化成为我国图书馆学文化治理的内生驱动力。其次，要充分发挥我国图书馆学精神文化理念的价值引领作用。我国图书馆学的组织变革和理念转型都是因循文化精神逻辑脉络展开的，以我国图书馆学先进的精神文化理念为引领，实施学术自治，发扬学术自由，促进真理探索、知识发展、净化心灵，已经成为我国图书馆学理性价值的第一要义。在学术文化治理领域，我国图书馆学为理论研究者安排了一个文化知识交流的场域。建立交流场域，激励学者追求学术价值，以学术的方式把文化内涵融合并表达了出来。理论研究者在我国图书馆学理论研究领域自由、平等地思考与讨论，以此形成我国图书馆学文化治理的现代化价值观。最后，要遵循我国图书馆学学术文化逻辑，培育和造就我国图书馆学理论研究的批判精神。如果一个特定的学术机构不具有理性批判精神，不具备追求真理观念，很难想象它能获取“学术”这样的桂冠。图书馆作为知识汇集和知识创造的场所，具有现实的批判精神说明图书馆是一个理性的场所，在为社会履职尽责上将会发挥重要的作用。

我国图书馆学应强化文化精神的意义传承。意义传承是精神文化发展的必然，我国图书馆学的文化意义传承是多元主体实施文化治理能力现代化的互动交流一致的结果。布莱恩·蒂尔尼等指出，社会治理的革新源于参与者对社会价值的认同。革新的关键不在于设计好治理制度，而在于参与者有效地理解社会文化

---

[1] TIERNEY W G, MINOR J T. A cultural perspective on communication and governance［J］. New Directions for Higher Education, 2004（127）: 85-94.

精神。[1]由此，必须不断强化我国图书馆学精神文化的价值认同和意义传承，促进我国图书馆学利益相关者在价值理性上的共识与契合。我国图书馆学文化建设不仅能够形成精神文化价值的认同，还能产生精神文化的增值效应，实现我国图书馆学文化治理从责任自治到自由自治的根本性转变。这种根本性的转变主要体现在以行政管理为主的文化管理部门需要转换角色，以学术文化的立场思考文化共享机制的建立，提升文化价值理论的认同感。以学术身份出现的我国图书馆学，要在文化治理和塑造文化精神的过程中形成文化自觉，不断强化文化主体的自我控制能力，适应新境界文化选择的自主状态。为此我国图书馆学必须以多元化为主体的方式实践文化治理中的文化博弈，促进有异质性的文化割裂转变为有融合性的文化交流，并实现由文化认同走向文化自觉。

（三）融构性是协同治理的生态型指标

文化的生态性是我国图书馆学治理能力现代化建设的显著表现。我国图书馆学是通过创造文化精神范式来实现文化包容发展的。文化治理不仅要实施一套规章制度，还要实施活动，形成治理的过程。这就需要将我国图书馆学制度文化的硬“规则”和精神文化的软“融合”结合起来，实现我国图书馆学制度与精神的融嵌互构，形成我国图书馆学内在治理能力现代化的生态型发展模式。

促进文化治理的协同发展，实现我国图书馆学制度文化和精神文化的包容性增长，可以解决内在文化治理的单向度和单一化的问题。建构多向度、多元化、融构性的内在文化治理体系，提升我国图书馆学文化治理现代化的能力。制度文化为我国图书馆学的多元主体行为提供了规范，是文化建设的基础保障；精神文化以具有价值内涵的意义内化于人的思想，是我国图书馆学文化建设的思想延伸。文化治理的重构，就是要建立“制度文化之管理”与“精神文化之深化”的互融体系，实现思想与行动、目标与效果的统一。从包容性增长的形式来看，在我国图书馆学文化建设现实场域内，通过多元主体的交流互动，可以促进我国图

---

[1] TIERNEY W G，MINOR J T. A cultural perspective on communication and governance［J］. New Directions for Higher Education，2004（127）：85-94.

书馆学文化精神生态的包容性增长。从本质内涵上看，行政与自由的包容性增长对促进我国图书馆学内在治理能力现代化建设具有重要的意义。这是由我国图书馆学管理和学术的复杂性所决定的。我国图书馆学文化治理的多种类型权威在我国图书馆学文化治理中存在并博弈制衡，有利于我国图书馆学内在文化共享机制的形成。自治本身就是治理的存在因素，我国图书馆学文化自治意味着学术凝聚力和文化自由性的增强，通过提升学术研究自治能力来抵消外因对文化建设的影响，这是对我国图书馆学功能和认知的一种保护。包容性的增长抵消了我国图书馆学治理科层管理的刚性，增强了制度文化和精神文化的包容性，依靠文化治理的价值理念，我国图书馆学生态文化机制的构建已经印证图书馆精神提升到了一个新高度。

总体来看，我国图书馆学存在一个复杂且松散的文化组织结构。行政主管部门是权威的代表，享有行政管理权力，包括学术文化管理的职责。我国图书馆学文化理论研究行为是学术权威的象征，履行着文化精神创造创新的职责。我国图书馆学组织开展文化精神网络化的自治，在互信、互利的基础上构建社会文化协调网络体制，形成制度与学术相互兼容的治理局面。美国历史学家杜赞奇称其为“权力的文化网络”，即社会公共权利的合法性源自社会文化的制约。[1]我国图书馆学文化治理构成了一个衡量权力使用的文化网络。制度管理必须在这一网络中运行，只有制度真正作用于文化才能使权威得以立正、权力得以加强。一直以来，我国图书馆学文化治理秉承于学术，用学术研究引导治理理念，让行政管理和学术研究相互融合，实现文化精神的包容性增长。在我国图书馆学文化治理的过程中，治理已经成为一种持续的互动。这种互动主要表现在实施制度文化与精神文化诉求的整合，形成以平等、沟通、共识为内容的生态文化，构建有机分担我国图书馆学文化治理责任的组织机制。由此可见，基于互信、互利价值观的我国图书馆学已经形成了一个“行政-学术共同体”，以生态型文化协同治理机制为基础，从制度文化和精神文化上一并推进我国图书馆学文化建设，以文化治理的内

[1] 杜赞奇.文化、权力与国家：1900—1942年的华北农村［M］.王福明，译.南京：江苏人民出版社，2003：121.

在驱动力实现我国图书馆学治理能力现代化的建设与发展。

第三节　我国图书馆学文化治理体系和治理能力现代化发展的反思与评判

进入21世纪，随着经济全球化形势的发展，世界文化思想也呈现出多维度、强势的前进状态。在世界文化的多元交流中，由于意识形态不同，出现文化理念水火不容的情况，给不同文化信仰的国家的意识形态带来对立或冲击。不同国家，文化信仰是不同的。习近平总书记指出："文化是一个国家、一个民族的灵魂。文化兴国运兴，文化强民族强。……要坚持中国特色社会主义文化发展道路，激发全民族文化创新创造活力，建设社会主义文化强国。"[1]可见，文化认同在国家治理体系和治理能力现代化发展中的作用和意义是巨大的，文化思想在推动我国图书馆学人文发展中起着重要的引领作用。

一、全球文化多元化所产生的文化冲突对我国图书馆学建设与发展的影响

世界文化的交流与交往总是伴随意识领域的对立和冲突。也正是在这种即时产生的对立和冲突中，不同内涵的文化思想才得以出现互融互现、取长补短的机会。文明社会出现以来，我国图书馆学思想建设就出现过强势文化消解弱势文化现象，然而这是在一定限度的规模和范围内进行的，直到经济全球化的兴起，意识形态领域中的多元文化争端和冲突促使我国图书馆学更加关注文化建设问题，并逐渐成为我国图书馆学理论界研究分析的热点问题。

（一）经济全球化引发我国图书馆学文化建设多元化发展

15世纪末，欧洲资本主义开辟了新的远洋航路，产生了世界地理的大发

[1] 习近平.决胜全面建成小康社会　夺取新时代中国特色社会主义伟大胜利［N］. 人民日报，2017-10-18（1）.

现，这引发了资本主义经济的全球性爆发。随后，启蒙运动倡导的理性文明进程又倡导经济的全球化。到20世纪80年代，凭借着全球畅通的通信技术，世界跨国公司在世界范围内调配、共享资源。经济全球化影响了国家政治权力和文化精神的同质化，给民族国家的政治、经济、文化带来了新变化，这种变化“是一个侵蚀传统文化、威胁社会经济、具有很大争议的过程”。[1]经济全球化日益凸显，其产生的世界经济意识流已经影响了我国图书馆学思想观念的更新与改变，我国图书馆学文化精神理念的建设已经逐步趋向本土化，并以鲜明的文化特征表现参与世界文化理论的对接与对话，在世界范围内不断发出中国声音。

首先，经济资本的全球性流动激发了我国图书馆学参与世界理论对话的积极性。伴随着经济全球化的发展，我国图书馆学的思想意志行为成为一种全球化现象表现，理念延伸、道德伦理、主义思想已经渗入世界社会生活之中。其次，国际性的知识人才流动带动了我国图书馆学文化精神的全球性互动。在全球化态势下，知识人才的跨国交流极为频繁，引发了跨国文化的参与和互动。在这种情况下，我国图书馆学传承民族性和地方性，于是许多民族的和地方的图书馆学成为世界的图书馆学。[2]我国图书馆学所表达的精神理念都是中华民族文化活动的缩影，体现了民族文化精神。因此，知识人才的国际性流动成为我国图书馆学文化对外交流的动力源。跨国性的人才交流给了不同文化背景的国家理念和人文精神融合的机会，必然会带来我国图书馆学的文化精神建议在世界文化体系中的互动。最后，国际性的知识信息流动引发了我国图书馆学文化精神诉求在与世界接轨的同时发生着直接的“碰撞”。为了使我国图书馆快速迈向现代化，不断加快我国图书馆的信息化发展，政府实施了图书馆业内的信息高速公路建设，并且这个建设方案与国外发达国家同步。飞速发展的互联网，日益成为我国图书馆学对外文化交流和传播的重要手段，我国图书馆学的文化建设和文化生活正以前所未有的冲击力影响着社会生活的方式。互联网的全球性信息流动，使

[1] 罗伯特·塞缪尔逊.全球化的利弊［N］.国际先驱论坛报，2000-01-04（3）.

[2] 马克思，恩格斯.马克思恩格斯选集：第一卷［M］.北京：人民出版社，2012：278.

得包括我国图书馆学在内的世界社会文化理念发生直接碰撞，相互交织、相互激荡。

（二）我国图书馆学文化建设的多元化引起相关问题探讨

在当今经济全球化的时代，信息技术迅猛发展，世界文化交流也因信息技术的发展而得以日益深入。文化全球化促使我国图书馆学超越国家、民族的界限，以本土性的特有表征参与全球理论的交流与碰撞，融入世界文化。也就是说，我国图书馆学的文化全球化是一个认同不同地区或不同国家文化异质性的同质化过程，是一个包含文化本土性的求同存异的过程。历史发展的实践证明，在我国图书馆学文化全球化的过程中，世界各地区、各国家图书馆学以文化精神为纽带，相互交流、相互融合的力度是空前的，因而我国图书馆学在全球理论对话中有了更大的话语权。在图书馆学文化理论研究中，把我国图书馆学融入多元文化的建设中，使理论工作者在比较鉴别中重新审视本土化的文化精神旨趣，通过学习、借鉴其他国家图书馆学的合理化经验不断丰富自己。然而，在经济全球化的境遇中，全面实现文化全球的普遍性容易趋向于同质化。由于不同国家图书馆学的话语权表达和文化理念存在差别，图书馆学国际性文化流通常常出现争端。正如塞缪尔·亨廷顿所说："冷战后的世界里，政治在历史上第一次成为多级的和多文化的。"[1]我们应该看到，不同图书馆学文化之间出现的争端和冲突，其发生根源并非频繁地沟通与交流，而是西方资本主义国家强势意识形态的力量打压弱势文化所致。世界文化中存在霸权主义，发展中国家图书馆学的本土文化，常常是西方文化控制、侵犯、取代的挑战对象。[2]由此，我国图书馆学在全球理论交流中所面对的文化争端、所遭受的文化冲击实际上是西方理念对我国传统文化理念的打压，从某种程度上可以说是西方资本主义意识形态对我国图书馆学本土文化理念的冲击。

---

❶ 塞缪尔·亨廷顿.文明的冲突与世界秩序的重建［M］.周琪，译.北京：新华出版社，2002：5.

❷ 伊鸿.全球化与大众传媒［M］.北京：清华大学出版社，2002：12-13.

二、我国图书馆学建设发展中的文化矛盾和文化需求

“认清形势、解决新时代文化新矛盾，是推动新时代中国特色社会主义文化创新战略必须经历的艰难路程。”[1]随着我国经济的高速发展，图书馆学文化建设出现了一系列文化理念矛盾，包括民族的与世界的、主流的与大众的、科学的与人文的。基于这些文化矛盾，社会主义先进文化逐渐成为我国图书馆学认同的文化需求。

（一）我国图书馆学面临的多重文化矛盾

1.民族文化与世界文化之间的矛盾

在人文科学体系中，我国图书馆学文化精神具有民族性和世界性，即具有建立在民族性基础上的世界性特征和存在于世界范围内的民族性特征。我国图书馆学民族的和世界的文化理念说明，任何的文化精神表达建设都是双重的，是差异与相同的辩证统一。一方面，由于我国图书馆学根深蒂固地建立在民族文化之上，主体感受、话语表达、价值追求不同于其他国家的图书馆学，所以在经济全球化的大背景下，我国图书馆学在世界文化交流中必然会遇到抵触和冲突。另一方面，我国图书馆学的文化建设发展需要具有世界意义，这样易于促使世界意义的强势性以势不可当的力量突破民族性屏障，很有可能引发我国图书馆学在民族问题和世界问题上的冲突。就民族文化与世界文化之间的关系而言，很容易产生时代性的民族文化危机。外来文化的渗透与借鉴，影响着我国图书馆学的文化建设和消费方式，冲击着我国图书馆学文化制度建设。更为重要的是，被新技术的产生和社会生活方式的变化吸引而来的外来文化思想的蔓延，使得我国图书馆学民族文化的价值观出现灾难性的危机。

2.主流文化与大众文化之间的矛盾

由于市场经济体制逐渐适应于其价值观理念，促使文化趋向于产业化发展，文化渐次归类为商品。文化的产业化是市场经济运行的结果，既对文化的远景发

---

[1] 周锦涛.新时代中国特色社会主义文化创新战略的体系性［J］.马克思主义与现实，2018（2）：13-18.

展不乐观，也不适用于文化的传承创新。大众文化是我国图书馆学文化建设的重要内容，其也已经融入我国图书馆学社会生活的各个方面，形成了无与伦比的文化潮流，然而在我国图书馆学内部，大众文化的消费、娱乐、休闲功能被过于关注，大众文化的审美、教育功能被降到次要地位。因此，在经济全球化的推动下，主流文化与大众文化的矛盾对立与统一，成为我国图书馆学文化建设的主要内容。发挥国家意识形态功能的主流文化与具有消费、娱乐、休闲功能的大众文化在我国图书馆学文化建设中并存，使得两者的矛盾不可避免。市场经济是国家发展之路，也已经成为我国图书馆学文化建设发展的模式，与此同时，我国图书馆学的文化建设要弘扬主旋律。文化建设经济化、市场化会产生一些负面影响，如果导致我国图书馆学思想混乱，我们将使用法律的武器维护意识形态思想主旋律，坚决不允许混乱思想的出现甚至泛滥。

3.科学文化与人文文化之间的关系

在经济全球化时代，文化的存在基础是社会生产力，能够转化为生产力的科学技术则是生产中的基础文化。现代科学技术在我国图书馆中的使用，阻碍了人文文化的发展，并与科学文化发生碰撞、冲突。这种碰撞、冲突随着现代科学技术在我国图书馆中的广泛使用愈加激烈。现代化在经济全球化的一体化格局中，尤其在后现代化演变的环境中被高度重视。

（二）我国图书馆学倡导先进文化成为普遍认同的文化需求

“发展先进文化，就是发展有中国特色社会主义的文化，就是建设社会主义精神文明。”[1]发展先进文化，会成为推动我国图书馆学全面建设发展的巨大精神力量，通过先进文化的价值观念、道德规范引导我国图书馆学话语权力走向规范。从精神本质上讲，先进文化解释的是我国图书馆学的价值观念问题，因此，它将引导我国图书馆学向正确的方向发展。从我国图书馆学发展历程来看，似乎其自诞生之日起，就已经明确了先进文化规划的方向，这是因为我国图书馆学是本土化的图书馆学，其民族性是显现的。以社会主义核心价值观为基本内容的先

[1] 江泽民.在庆祝建党80周年大会上的讲话［N］.人民日报，2001-07-02（1）.

进文化，不仅对我国图书馆学的制度建设具有引领作用，还为我国图书馆学的道德伦理价值观提供了标杆引导。作为社会主义精神文明的结晶，先进文化指导我国图书馆学的未来发展趋势，为我国图书馆学的现代文明进步提供思想精神上的文化源泉支撑。先进文化缘起于我国现阶段的社会主义政治、经济和社会条件状况，符合社会主义国家的利益和愿望，有利于推动我国图书馆学人文精神的进步发展，有利于促进我国图书馆学发展潜能的挖掘，使我国图书馆学的全面发展理想得以实现。

当前，我国社会主义文化事业正在习近平新时代中国特色社会主义思想的指引下广泛地开展，先进文化已经在全社会的广阔空间内广泛传播。先进文化始终代表着我国图书馆学的发展方向，这不仅是我国图书馆学建设社会主义文化的本质要求，也是我国图书馆学的文化建设要始终保持先进性的政治信念根基。我国图书馆学在运用和引领先进文化上的主要表现为：坚持马克思主义基本原理与创新社会主义理论实践相结合，把认同和执行社会主义政治制度与改革开放的伟大实践相统一，与对世界文化的高度警惕和科学借鉴相一致。进入新的发展时期，我国图书馆学始终保持先进文化发展方向，以先进文化意识引领文化思想，这也是我国图书馆学目前遇到的最大的文化需求。

三、文化成为我国图书馆学治理体系现代化发展的内在构成要素

文化具有政治意志发挥的功能，而政治意志是包容文化精神的一个层面。我国图书馆学的文化建设作为现代社会系统理念的组成部分，其治理体系现代化建设具有重要的社会意义。

（一）我国图书馆学文化治理的内涵与演进

关于我国图书馆学文化治理方面的内容，可以概括为“文化思想治理能力和文化行为管理能力的反思、判断与确定”。我国图书馆学文化治理的理论表达，既表现我国图书馆学的文化表征又指涉社会治理理论的文化向度。通过我国图书馆学文化观念的表达与实施，对参与图书馆学社会生活的主体思想施加影响，最

终制定并运转整个图书馆学思想理论的治理机制。在社会生活中，我国图书馆进行文化治理，指导社会文化资源分配。实际上，我国图书馆学文化治理已经表现出理性工具的属性，“文化既不是治理的目标，也不是它的对立面，应该说文化是治理的工具”。[1]首先，我国图书馆学实施文化治理是统治性文化治理的一部分，这也是我国图书馆学文化治理的基本阶段。我国图书馆学以治理的方式对文化思想、行为进行有效规范，这凸显了文化话语权，这种文化治理具有“文化统治”的意味。其次，我国图书馆学实施弥散性文化治理，就是以社会市场经济结构为主导，体现市场经济话语的文化政策执行力，这是我国图书馆学文化治理的时代发展阶段。文化不再是政治建设的筹码，其文化治理的社会经济潜力得以发挥。强化市场经济制度建设，促进我国图书馆学文化建设往社会化、经济化方向发展。文化在社会生产中的地位逐步上升，并在市场经济结构中能够形成文化产业，这样就实现了我国图书馆学文化建设的“文化生产的资本化”。最后，我国图书馆学实施合作化文化治理，就是把社会结构与文化政策有机结合，这是我国图书馆学文化治理的最终阶段。政治文化的强大，使得国家与社会更为紧密地融合，国家与社会由原先的对立走向合作。因此，我国图书馆学文化建设的政策除政治意志之外，还有经济政策和社会组织，充分体现出社会公共话语的特征。

（二）我国图书馆学文化治理存在着社会结构与文化政策之间的中介性

关于社会结构、社会性质与文化治理的结合研究，法国社会学家涂尔干的研究理论最具有代表性。涂尔干认为，在进行社会类型的研究中，文化精神的象征意义被挖掘出来，同时发现文化与社会结构之间不是构建与被构建的被动关系，而是以文化来解释社会结构和以社会结构象征来表征文化的真实关系。我国图书馆学已经认识到文化治理是文化建设的进一步延伸，同时也是践行国家意志的强有力行为措施。通过文化治理，我国图书馆将所藏的文化资源再分配，同时我国图书馆学的文化资源分配会促进社会整体治理的发展。我国图书馆学通过调节国家利益和社会资源之间的关系，强化我国图书馆学对文化治理的作用，进而引导

---

[1] 托尼·本尼特.文化与社会［M］.王杰，译.桂林：广西师范大学出版社，2007：161.

着社会文化资源的规范分配，从而也促使我国图书馆学文化治理主体更为突出、治理效应更为明显。实施我国图书馆学文化政策，不仅要显示国家对文化治理的力量，还要切实履行社会中的基本人权，协调和促进社会治理的和谐发展。我国图书馆学的文化治理受制于社会结构的定性定制，而在社会结构中，我国图书馆学文化治理存在于社会结构与文化政策之间，具有传递功能的中介效应。于是，我国图书馆学的社会结构、文化治理、文化政策之间的协调关系非常明显地确定并形成。

四、文化权力与我国图书馆学文化治理体系和文化治理能力现代化发展的关系互现

文化权力在党的统一指挥下行使，是我国巩固意识形态、维护社会安全的需要。我国图书馆学行使文化权力，需要以文化治理为载体，在实现文化治理体系和文化治理能力现代化发展中展现，并将权力统一掌握和充分运用到文化治理的过程中。

（一）我国图书馆学的文化权力来自文化治理

意大利马克思主义理论家葛兰西最早提出了“文化权力”理论。葛兰西认为，“文化权力实质上表达的是一种社会关系，即阶级集团的世界观、道德观。文化权力在精神领域中占据支配地位而且体现出一种精神力量”。[1]文化权力是统治阶级运用思想文化精神来行使国家权力，它是在发挥意识形态、道德规范等具有文化功能意义的指导作用。我国图书馆学文化权力的确定，是在开展社会宣传引导的基础上争取得到社会民众的认同而得来的。由此可见，我国图书馆学的文化治理作为一种具有革命性质的思想战略，其要理解和认同的核心问题是社会主义国家的政权体系包含着国家文化政策对图书馆学文化建设和文化治理的引导。由此，葛兰西的文化权力理论着重强调了像我国图书馆学这样的人文学科思想精神和意识形态在文化变革中的作用。

世界各国家、各地区的图书馆学，文化权力问题都是占统治地位的阶级所

[1] 宋惠昌.当代意识形态研究［M］.北京：中共中央党校出版社，1993：305.

关注的、重视的时代课题。改革开放以来，我国社会生活变化很快，这也促进了我国图书馆学文化建设的快速推进，成为我国图书馆学参与世界理论对话的关键。在新时代中国特色社会主义事业发展中，我国图书馆学将注重文化权力的运用。我国图书馆学只有把文化权力落实到自己手中，才能在国际文化理论交流中掌握话语权，以此来应对西方社会思潮的文化思想的渗透与侵蚀。因此，我国图书馆学要注意规避风险，主动迎接挑战。我国图书馆学的文化治理体系和治理能力的现代化发展是在社会主义文化理论思想的指导下进行的，政府权力、经济市场、社会结构三大认识主体正融入我国图书馆学文化建设中，推动文化建设的创新和繁荣。当前，我国图书馆学理论研究要着眼于国家文化发展大局，弘扬民族精神，传承历史精神，凝聚中国精神，弘扬社会主义核心价值观，努力实现中华民族伟大复兴的中国梦。我国图书馆学使用文化权力，需要构建文化治理的体制机制，还要增强在法律制度的约束下促进社会主义文化事业发展的能力。推进我国图书馆学文化治理体系和文化治理能力现代化，这一项密切联系社会的复杂工程，不能一拥而上，要分清主次，找准着力点和突破点，有重点地发展。

（二）我国图书馆学文化治理体系和文化治理能力现代化的建设思路

1.建立文化治理的机制体制，实现主体参与的多元化建设方式

文化治理能力表现为国家文化政策从传统型管理向现代型治理的转变，这不仅能够提升国家文化建设的创新力和创造力，还能有效地建立文化治理新体系，这是社会文化治理趋于成熟的表现。我国图书馆学实施文化治理体系和文化治理能力现代化的关键在于建立主体主动参与的多元化建设方式。为此，我国图书馆学必须进一步加强文化治理的管理职能，多管齐下、主次分明，发挥文化建设协调、平衡、监管的作用。要进一步加强我国图书馆学文化治理体系的顶层设计，预防和解决治理体系建设中因文化理念不同而造成的矛盾问题，实现由局部向整体、由单一向多元的转变，支持不同社会主体的协调发展和广泛参与，切实保障社会民众的文化需要得到满足。

2.健全文化治理的政策法规，提高治理行为的法治化规范程度

法律是社会治理之重器，良法是社会治理之前提。实施我国图书馆学文化权力的职能转变，必须主动出击，促进我国图书馆学文化市场化和产业化运转，建立和遵循科学合理、完善完备的文化法律法规体系。近年来，我国图书馆学界制定了若干个具体详尽的文化法规、制度规定，但从文化建设和文化治理的总体情况来看，文化法制、制度建设仍然存在不足，导致忽视了我国图书馆学文化精神价值。实现由行政管理向法治下的文化治理的转变，必须在我国图书馆学文化理念中涵盖法律、法规、制度的保障作用。我国图书馆学实施文化建设，必须树立法律意识，促进文化立法，提高文化治理法治化建设水平。

3.建立文化内容创新机制，满足文化主体多样化发展的需求

中华民族的多元性使我国社会文化具有多样化。随着我国市场经济体制的深化改革、社会结构体系的良性运转以及国际交流的广泛深入，我国图书馆学有了比以往更为广阔的发展前景，文化建设的多样化也日益显现。我国图书馆学在广泛传播主流文化的同时，也在产生和批判非主流文化，为此我国图书馆学实施文化治理必须理顺多元文化的关系，引导主流文化，矫正非主流文化，防止鱼龙混杂、泥沙俱下。同时在现实的我国图书馆学文化理念之内，主流文化的引导作用并没有充分发挥出来，文化内容缺乏创新，文化形式过于单调。基于这种情况，我国图书馆学在实施文化治理的过程中要坚持创新发展，把满足人民群众的文化需求作为第一任务并不断坚持下去。要充分运用现代科学技术，提高信息存储质量，加快信息传输速度，最大限度地满足人民群众文化需求。增强服务意识，提高服务水平，将高质量的文化服务延伸至偏远地区。不断扩大文化交流、合作范围，实施文化共享机制运作，为文化建设跨越发展、文化理念跨国交流提供更多的机遇与渠道。

第四节　从国家走向全球的文化治理

世界文化治理是国家文化治理的进一步延伸。我国在党的十九届四中全会

上明确指出，“国家治理的制度优势包括和涵盖坚持独立自主和对外开放相统一，积极参与全球治理，为构建人类命运共同体不断做出贡献的显著优势”。[1]为此，我国图书馆学在实施意识形态传播时必须理解和重视世界文化治理的重要意义，凸显世界文化治理的价值观地位。我国图书馆学的文化治理包含在国家政治治理之中，这就要求我国图书馆学需要从“国家文化治理”转向“全球文化治理”，实现我国现代主义意识形态的世界性传播。对于现代主义意识形态传播问题，我国理论界已经产出了不少理论成果，主要阐述了两个方面的内容：一是现代主义对全球传播的历史考察，主要吸纳了欧美后现代主义思想，进一步明确了思想方向，推动了当代现代主义意识形态的全球传播；二是通过对现代主义全球化传播的现实考察，发现还存在意识形态对外传播“硬实力不足”“跨文化冲突”等问题，为此研究分析和制定提出解决问题的基本策略。从当前理论阐述的状态来看，我国理论界已经针对问题进行了梳理解决，但是解决问题的程度有限，没有涉及国家之间意识形态冲突的敏感问题，没有考虑到意识形态跨国度传播的问题。由此，本书将以现代主义跨意识形态传播为论证主题，进而分析解释我国图书馆学对外意识形态传播的问题。

一、我国图书馆学意识形态传播的现状

（一）全球文化治理环境下的意识形态的国别性

在我国图书馆学的理论研究中，对意识形态的分析极为深入细致，已经形成了多样化的理论成果。从文化治理的层面来看，我国图书馆学意识形态传播既有国家文化治理层面的，也有全球文化治理层面的。然而，传统方式的意识形态传播，主要关注从国家文化治理的层面来分析、研究、考察，对全球文化治理的分析、研究、考察没有给予足够的重视。全球经济社会的发展，尤其是我国现代主义思想所产生的社会影响力，已经促使我国图书馆学意识形态的传播从国内走向

---

[1] 李枫，岳弘彬．中共中央关于坚持和完善中国特色社会主义制度　推进国家治理体系和治理能力现代化若干重大问题的决定［N］．人民日报，2019-11-06（1）．

全球。

在全球文化治理的层面上实施我国图书馆学意识形态研究，将会促进我们特别关注意识形态的国别性。我国图书馆学参与全球文化治理，体现意识形态的传播，将“全球治理”定义为一种全球性的集体管理。而且按照美国学者阿迪尔·纳贾姆的观点，在世界多维化的空间内，不存在一个永恒不变的政府，全球治理中国家之间社会主体相互合作是解决全球性问题的唯一方式。[1]意识形态体现了一个国家的重大政治意志，各个国家拥有的意识形态不一样，这些不同性质的意识形态，在国家交往中经常出现一些冲突、对抗，由此形成了一系列因冲突、对抗而相互存在的意识形态国别性问题。

（二）我国图书馆学的跨意识形态传播形态

跨意识形态传播是一个被我国理论界公认的哲学概念，它与跨文化传播有着密切的联系，但是目前对于这一概念仍然存在着争论。国内一些学者定性地认为跨意识形态主义是描述关于意识形态互动的权力话语代表，这种互动既包括褒的方面，也包括贬的方面；也有一些学者认为跨意识形态类似于多元文化主义的政治主张，关注以跨国主义的世界观来实施互动、对话，因而跨意识形态传播被归入一种中性化的行为范围内；还有学者认为跨意识形态传播异于多元化，多元化涉及特定国家意识形态行为的多样性问题，而跨意识形态传播涉及的是超越国家或社会群体的意识精神的交流。

对于以上学者的争论，我国图书馆学界倾向于爱迪克的主张。爱迪克认为，跨意识形态传播以文本翻译为基础，翻译作为语言文字的变更之术，在意识形态传播与对话中起到了不可代替的作用。为此，我国图书馆学的跨意识形态问题，就是分析跨意识形态传播中如何进行翻译的，探讨为何跨意识形态传播是一个翻译理解、精神解惑以及内涵受众的过程。当然，我国图书馆学跨意识形态问题还包括明晰跨意识形态所需的传播资源，明确传播资源中文本内涵、传播途径和对

---

[1] ADILN. Global-governance［EB/OL］.（2018-07-27）［2023-07-24］. https：//en.wikipedia.org/wiki/Global-governance.

话方式。可以说，我国图书馆学跨意识形态传播实际上是一种意识思想的交流活动。尽管其涉及文化意识受众、传统精神介入、知识背景存在等因素，但是其核心应是语言问题。

尽管我们可以将跨意识形态传播理解为跨文化传播的一种形式，但是它应是一种特殊类型的跨文化传播，因为其传播中蕴含着政治性。因此，我国图书馆学作为跨意识形态传播的实践者，在作用发挥上，与一般意义上的跨文化传播作用明显不同。如果说一般意义上的跨文化传播解决的是语言翻译的问题，那么我国图书馆学在跨意识形态传播中还有一个更为重要的使命，就是要跨越政治意识形态的障碍，传播社会主义核心价值观的文化精神。由于国家之间的意识形态不同，每一个国家都会对境外意识理论思潮实施一定程度的过滤措施，进而也会产生跨意识形态传播的争论与分歧。由此，我国图书馆学界在研判跨意识形态传播问题时，要真正做到牵住跨意识形态传播的“牛鼻子”，把方向、定措施，在国家话语领域和国际传播范畴内精准施策。

（三）我国图书馆学跨意识形态传播的现状考察

如果从现实状况中分析我国图书馆学跨意识形态传播问题，可以看到，曲解与对抗成为我国图书馆学分析研究跨意识形态传播问题的主要内容。一方面，由于历史发展的不同和价值取向的差异，各个国家的跨意识形态传播有时会遭遇曲解。经过跨意识形态传播的实践，可以说曲解已经成为意识形态所固有的基本属性。这样，当我国图书馆学的跨意识形态传播，因不同于其他国家的意识形态表达而出现碰撞时，前者往往会遭到后者的曲解。可以说，像我国图书馆学这样的人文学科发挥跨意识形态的传播作用，会因为政治意图的原因，遭到恶意媒体或持不同政见者的曲解，我们要做好充分的准备，坚决予以抵制和反击。另一方面，由于存在曲解，对抗成为我国图书馆学跨意识形态传播的常态行为。关于对抗的常态化，在冷战时期，苏美意识形态的对抗表现得最为突出，不仅如此，在现代国际关系交往中，新自由主义试图在国际社会运动中推行放任的、无边界的主义理论，实行私有化、脱离行政管制等自由化政策。同时，社会主义意识形态在国际形势抗争中不断完善和走向成熟，它致力于构建“人类命运共同体”，践行“协调发展、合作共赢”的精神理念。我国图书馆学跨意识形态传播是社会主义意识形态建设与发展的组成部分，必将以构建“人类命运共同体”为使命，发出中国声音，传扬中国精神。由于主张不同、方法各异，我国图书馆学跨意识形态传播出现争论和对抗在所难免。

二、我国图书馆学实施跨意识形态传播的由衷愿望与现实阻碍

（一）把对话作为解决问题的路径：我国图书馆学实施跨意识形态传播的初心

“对话”一词来源于古希腊语，充分运用“对话”一词意义的是古代思想家柏拉图，他认为“对话与辩证法、艺术思维紧密相关”。由此，对话可以被看作一种教育方式，以对话的形式实现沟通能够使我国图书馆学在自由、平等的环境里与其他国家图书馆学相互学习、借鉴，这也是我国图书馆学成功实施跨意识形态传播的必要条件。我们关注实践中的对话，并将其与我国图书馆学的价值观联系在一起，在我国图书馆学跨意识形态的传播中，对话不仅是沟通交流、深入了解的途径，还能引发对话双方在价值观取向上的互相转变，并趋向于达成理念共识、观念共融。就此而言，我国图书馆学实施跨意识形态传播的由衷愿望是通过对话交流促进国家之间在价值观上的理解，并最终达成意识形态上的共识。

我国图书馆学跨意识形态的传播，最终会得到不同国家正解的。正解即为科学地理解、客观地理解。亚里士多德曾经研究过“感知”与“记忆”之间的关系，并阐述了“通过观察与实验获得对自然的正解问题”。与亚里士多德不同的是，威廉·冯特主张要以主观内省的方式获得正解。而威廉·詹姆逊则认为日常社会生活中要学习总结，通过实践历练获取经验，需要通过对话、交流、沟通以获得感知和推理，并以此求得正解。由此，以对话、交流、沟通的方式实现我国图书馆学跨意识形态的传播并取得国际社会的理解，具有特别重要的意义。对话、交流、沟通的价值意义不仅体现在心理学的研究上，在现实社会中更凸显在

全球文化治理尤其是跨意识形态传播的重要作用上。

（二）面对被曲解的现实：我国图书馆学跨意识形态传播的实际阻碍

我国图书馆学的国际文化传播之所以具有跨意识形态传播的特征，是因为文化传播存在意识形态推进文化发展的影响力。卢卡奇认为，政治意识形态具有辩护社会文化精神的功能，意识形态是统治阶级政治维护、扩大国际影响力的一种"投影"。葛兰西认为，资本主义通过经济胁迫，以意识形态强制的政治暴力来维持社会控制。资产阶级意识形态成为社会民众心理控制手段，所以我国图书馆学面向世界、实施文化传播时，必须跨越资本主义意识形态，解脱社会民众的心理压力，击碎人为设置的障碍。

目前，我国图书馆学跨意识形态传播，主要存在恶劣拟态环境、负面刻板成见、歪曲化两级传播等表现方式。一是我国图书馆学跨意识形态传播面临着国际化的恶劣拟态环境。在现实国际环境中，我国图书馆学实施跨意识形态传播的拟态环境是客观存在的。资本主义国家通过传媒工具建立了一个带有主观臆想和思维偏见的拟态环境，在很大程度上造成了身处其中的个体或团体面对一个幻觉虚构的世界。这个充满假想敌的虚幻世界往往以黑白颠倒的手段曲解我国图书馆学文化传播内容，也由此产生了我国图书馆学跨意识形态传播人为设置的障碍。二是我国图书馆学跨意识形态传播面临着负面刻板成见。"刻板成见"源于法国早期思想，原意是"对事物初起的坚实印象"。刻板成见的概括对尽快做出判断有所帮助，但是运用于特定事物发展的评价时往往会出现错误。在我国图书馆学跨意识形态传播实践中，刻板成见易使意识形态的实施产生偏见。由于西方单边主义思潮的泛滥，西方社会民众对像我国图书馆学这样的社会主义人文学科已经形成了较为负面的刻板成见，这不利于西方民众对我国图书馆学跨意识形态传播的正确理解。三是我国图书馆学跨意识形态面临着国际复杂环境下的、较为严重的歪曲化两级传播。传播内容和意义先传输给国家机关领袖，再散发到广泛的社会民众群体之中。在我国图书馆学跨意识形态传播中，西方资本主义国家政府利用两级传播中的国家机关领袖这一层级进行歪曲化煽动，人为制造国际思想交流屏障，阻碍了我国图书馆学意识形态思想表达得到国际社会的理解和认可。

三、文化融通：我国图书馆学跨意识形态传播的必然路向

（一）我国图书馆学跨意识形态传播的利益共同纽带

马克思主义理论原理在阐述“利益”关系时明确了人类社会存在的基本事实：为了进行人类社会的物质交换，必须确定社会关系。但是劳动分工确定了人们从事不同类型的工作，这样在一定社会条件下，会出现以社会地位的优势占有劳动成果的窘况。这是一种社会利益分配不平等现象。社会利益分配不平等现象的出现，将会引发国家间意识形态取向的纷争与对抗。顺利地、务实地实施我国图书馆学跨意识形态的传播，必然的发展途径就是建立国家之间利益互惠、合作共赢的纽带，积极倡导全球利益获取的合理化、规范性、公平性。

现实社会生活中，我国倡导“一带一路”发展规划，这是实现跨意识形态传播共同利益的一次探索与实践。“一带一路”发展倡议，避免了跨意识形态传播上的曲解与对抗，促进了国与国之间经济的交流与合作，提升了成员国之间的信任度，在正解与对话的基础上，积极构建了跨意识形态传播新模式。就发展本质而言，我国图书馆学是“一带一路”发展规划的倡导者和推行者，从倡导经济的整合发展到促进互惠互赢，我国图书馆学致力于构建跨意识形态传播的利益共同纽带，充分体现利益获取的合理化和公平性，这无疑是解决国家之间意识形态曲解或对抗的一剂良方。

（二）我国图书馆学实施跨意识形态传播的文化融通路径

古罗马演说家西塞罗提出了“文化”这个哲学术语，并将“文化”的意蕴与“灵魂的培养”联系了起来。在现代社会语境中，塞缪尔·普芬多夫也使用了“文化”这个术语作为哲学解释，在他看来，人类社会远离原始野蛮、蒙昧无知需要文化的力量，文化逐渐成为人类自信的本质。在18世纪法国思想家的理念中，德尼·狄德罗进一步发展了卢梭关于现代文化自由主义和启蒙的批判，“文化”的含义也获得了后来的所有现代化的意义。在我国图书馆学精神理念中，文化是在改造自然环境和实践社会状态的对象化中产生的。我国图书馆学“是以文

化育人为基础的，以人性的本质对象为实质的”。[1]我国图书馆学的文化内容包含着物质文化、精神文化、制度文化等因素，因而文化对于我国图书馆学的理念解释来说是一个广义的概念。

“和文化”是指以文化融通的方式实施跨意识形态的传播与发展。纵观中华民族5000年的文明史，“文化融通”显然是一种哲学理念的传统表达，我国古代先辈在龟骨上刻印了“和”字代表着和谐共存，儒家思想则表达了“和而不同”的价值理念。文化融通也充分说明了世界融合发展的过程中虽然充满着差异、激发着矛盾，但是正义的社会价值观一定会实现融通、和谐。可以说，除建立利益共同体之外，文化融通也是我国图书馆学实施跨意识形态传播的又一良好方剂，它充分表现了我国图书馆学主张国与国之间和谐共生的关系，要求社会文化要素之间协调、融合发展，这也是我国图书馆学在实施跨意识形态传播中所遵循的基本道德原则和所拥有的基本外交要素。

（三）我国图书馆学实施跨意识形态传播的利益与文化并重的选择

既然利益共同和文化融通对跨意识形态传播有促进作用，那么我国图书馆学应该选择何种方式来实施和优化跨意识形态传播呢？我国一些图书馆学家认为，我国图书馆学在实施跨意识形态传播中应该确定利益与文化并重的运行方式。在我国外交史上，我们正是沿着利益与文化并重的路径前行。周恩来总理阐述和传播“和平共处五项原则”，是因为它表达了大多数国家的利益诉求，也是被世界人民理解和接受的文化理念。“和平共处五项原则”所表达的精神原则，在价值观上是公平的、在地位上是平等的，对跨意识形态的传播具有基础性作用。进入新时代以来，我国图书馆学始终坚持通过和平共处原则来实现意识形态的传播发展，这既是寻求建立共同利益纽带的努力表现，也是尝试实施文化融通的积极行动。党的十八大以来，随着我国进行社会主义核心价值观建设，我国图书馆学也积极履行跨意识形态传播的理念策略。我国图书馆学跨意识形态传播理念主张互利合作和包容互鉴，通过跨意识形态的传播实现了共同利益的繁荣发展，积极建

[1] 王仲士.马克思的文化概念［J］.清华大学学报（哲学社会科学版），1997（1）：20-26.

立一个适应不同国家、不同地区特色文化需求的新理念、新秩序。我国图书馆学跨意识形态传播的愿望与诉求取决于本国国情、传统文化理念及世界发展趋势等因素。在和平发展的愿望和诉求基础上，“人类命运共同体”的倡议已经被联合国认可，并具有里程碑的历史意义。我国图书馆学的马克思主义中国化理念也为国际社会所理解和承认，这是我国文化领域的意识形态跨越传播的一次成功突破。为此，利益与文化并重成为我国图书馆学跨意识形态传播的方式方法，我国图书馆学今后的工作研究思路是，进一步细化研究、进一步完善方式方法，形成详细具体、面对问题解决问题的策略、方针。

四、我国图书馆学马克思主义中国化跨意识形态传播的理论策略

（一）实现利益驱动和文化传播的双向互动和辩证统一

有关我国图书馆学意识形态传播问题，我国图书馆学界普遍达成共识：以文化传播为指导，以利益驱动为基础，实现我国图书馆学意识形态的传播与发展。一般意义上，文化传播的程度是与利益驱动冲突成反比的。随着人们对文化传播的理解日益加深，文化利益冲突会逐渐化解、平息，因而文化传播的影响细致入微地进入社会民众的精神深处，对分裂、仇视甚至战争具有缓和作用。但是从相反的角度来看，利益追求的冲突会对文化传播产生阻碍作用，文化利益追求所产生的冲突会导致文化传播过程遭遇人为屏障，文化传播更为复杂多变。为此，我国图书馆学马克思主义中国化跨意识形态传播必须坚持辩证统一的原则。一是进一步加强国家之间意识形态的交往与合作。我国图书馆学马克思主义中国化的主体实践于国际社会，跨意识形态传播起到了举足轻重的作用。通过跨意识形态的传播，向国际社会展示良好形象，通过一系列的国际交流合作活动，在国家层面推动马克思主义中国化意识形态的对外传播，实现利益驱动和文化传播的双向互动和辩证统一。二是趋于走向国际舞台，实施跨文化意识形态的互动与交往。在经济密切合作的基础上，通过文化交往跨越意识形态错位的鸿沟，进一步促进各国之间文化意识形态的理解与融合，规避曲解与对抗。三是全面理顺国外民间文

化组织来我国进行文化交流的路径通道。从图书馆学文化属性来看，“国家之间的交往在于互相尊重，国家关系的基础在于民众的理解与友谊”[1]。因此，可以进一步理顺路径，畅通文化交流通道，通过交流接受和认可我国图书馆学文化意识形态，以利益驱动和文化传播双向互动和辩证统一的方式推动我国图书馆学跨意识形态传播的宏观优化。

（二）实现理论学术性与实践应用性的高度融合和辩证统一

由于马克思、恩格斯的不懈奋斗和卓越贡献，马克思主义在世界广泛传播，并由此成为全球共产主义者共同使用的精神资源。但是，英国历史学家霍布斯鲍姆在谈及“意识形态传播效果”时提出一个问题：“在现代社会里，应该如何看待马克思主义？马克思是属于全人类的吗？”如果我们把霍布斯鲍姆之问置于我国图书馆学视域下进行延伸分析，就会引发出中国版的“霍布斯鲍姆之问”：我国图书馆学马克思主义中国化能否跨越国界、能否实现跨意识形态的文化传播？

一方面，我国图书馆学马克思主义中国化的学术理论探讨必须对世界民众有益。对于国际社会民众来说，身处国外社会现实境况，是否真的关注和需要中国化的马克思主义理论？在“关注与否、需要与否”这个问题上，我们要把我国图书馆学文化理论的“需要”和“有用”转变成马克思主义中国化吸引国际力量、提升国际效果的动力。我国图书馆学文化需要以中国方式来解决世界问题，积极创新适应国际社会民众需求的理论成果，这样就能产生我国图书馆学跨意识形态传播的正向效果，创造出符合社会民众利益的效益来。

另一方面，我国图书馆学跨意识形态传播并非孤立存在，而是在分析研究各种社会思潮并在横向比较中明晰、确定马克思主义中国化方法论的模式和优势。只有创造性地开展我国图书馆学的问题实践研究，才能促进国际社会民众看到中国方式的科学高效，才能理解和接受我国图书馆学马克思主义中国化的精神实质。我国图书馆学理论思想与同时期的西方理论思潮相比，在马克思主义中国化发展上具有鲜明的理论优势，并能进一步发展马克思主义中国化理论。那么，马

[1] 李惠娟.外事工作实务［M］.广州：暨南大学出版社，2014：103.

克思主义中国化的拓展提升策略和方法如何？这就需要像我国图书馆学这样的理论学科通过马克思主义中国化的自身研究来解决。

（三）实现产业集约化与社会公益化的双向受益和辩证统一

产业化是我国图书馆学实现马克思主义中国化意识形态传播的基本形式，而公益化则是我国图书馆学跨意识形态传播规避商业化负面影响、支持以交流对话为正解的实践保障。根据联合国教科文组织的认定，文化产业是商业服务与文化产品相结合，并受知识产权保护的产业。❶文化产业包含建筑艺术、视觉表演艺术、文化广告、文化旅游等内容，对于我国图书馆学来说，主要是涵盖着文化理论文本，其目标是获取显著的社会公益化效益。同时，图书馆通过不断参与社会文化叙事与生活意义的建构，提供新颖的服务，形塑理想的公共生活，进而收获良好的服务效益与服务成果，这种文化服务过程是长期的、动态性的。❷为此，如果实现产业集约化与社会公益化的统一，我国图书馆学需要培养文化产业的创造力，形成跨意识形态传播的创新力，以交流的方式获取国际社会公益化的最大效应。

以此而言，我国图书馆学马克思主义中国化意识形态传播应从以下3个方面实施：一是以系统性、共享性的高位思维模式创造性地支撑马克思主义中国化意识形态传播的高起点。系统性思维要求图书馆学理论工作者要从顶层设计的角度，以战略思维的眼光审视和明确跨意识形态传播的产业化和公益化问题；共享性思维要求图书馆学理论工作者以新时代、未来理想为倡导，推出一系列时代原创性学术理论作品，以此来推进我国图书馆学马克思主义中国化跨意识形态传播的国际社会公益性共享。二是以新思想、创造性学术理论成果推进马克思主义中国化意识形态传播的高品质。以习近平新时代中国特色社会主义思想为指导，提升我国图书馆学马克思主义中国化意识形态的新境界；以文化生态圈、生态群体为代表的协同性文化精神创造与生产为我国图书馆学马克思主义中国化意识形态

❶ JEFFCUTT D. Exploring the cultural and creative industries debate［J］. Culture Action Europe，2013（7）：7.

❷ 张兴. 文化治理视域下图书馆发展路径研究［J］. 图书馆工作与研究，2020（10）：23-27.

传播增强了主体动力，也进一步推动了我国图书馆学文化产业走向成熟。创造性学术成果要以描述、讲好中国故事为基础，以传播中国价值观为引领，促进我国图书馆学跨意识形态传播的产业化和公益化效益发展。三是以借鉴外来先进理论、孵化文化精品理论、外宣本土理论为目的来制定意识形态对外传播的高标准。强化理论创新，提升精神气质，推动我国图书馆学马克思主义中国化跨意识形态的广泛传播，实现产业化与公益化的双向受益和辩证统一。

第六章
我国图书馆学文旅融合理论研究

第一节　我国图书馆学文旅融合理论的内涵与趋向

我国图书馆学文旅融合理论，是指在图书馆主导下所实施的文化与旅游融合实践过程的理论分析，其本质是多元主体在以图书馆为中心的归旨下，融合起来实施价值创造和完成价值获取。在提倡以文塑旅、以旅彰文的时代环境下，我国图书馆与社会其他主体通力协作，共同实现价值创造。同时，以价值共创为目的的我国图书馆学文旅融合积极构建运行架构，我们可以从参与主体和合作方式两个方面进行分析研究。通过分析发现，价值共创下的我国图书馆学文旅融合呈现出主体升级扩容、科技创新、价值增值的特征，同时呈现出时空界限逐步延伸的未来发展趋势。

一、我国图书馆学文旅融合的内涵本质及逻辑层次

（一）我国图书馆学文旅融合的内涵本质

2019年，文化和旅游部提出“宜融则融、能融尽融”的文旅融合的总思路。而“理念融合、职能融合、产业融合、市场融合、服务融合”则是文旅融合的主

要结构组成。[1]这对我国图书馆学文旅融合的内涵诠释进行了宏观性概括，也为我国图书馆学文旅融合勾画了一个充分、具体的框架。另外，对我国图书馆学文旅融合概念的解析还要考量公共性、公益性及非营利性，从内容、过程、程度等不同角度进行宽领域、多元化释义。

我国图书馆学文旅融合是以图书馆为主体进行文化与旅游相结合的实践过程。文化的内在本质是人化或人类化，旅游的内在本质是人暂时进入非惯常环境的移动。“融”为具有共性特征的两个方面的调和、融汇，“合”为两个方面交融而成的整体化的协调一致。我国图书馆学文旅融合表征着文化与旅游的互通性和契合性，协调与支持得到最大限度的发挥，可以总结为文化是旅游发展的灵魂，旅游是文化发展的依托与媒介。我国图书馆学文旅融合的实践过程表现为图书馆的文化要素与社会旅游要素的共生交融，并以此形成多元业态和整体性特征的生态体系。在文化要素和旅游要素共同交融下，围绕二者生成的共生生态，产生了我国图书馆旅游的文化价值，并以此提升为价值共创系统。而我国图书馆学文旅融合的内涵，在本质上体现了文化服务的价值，以图书馆为核心的多元主体价值共生和价值共创也应运而生。我国图书馆在文化服务内容、科技创新、市场营销等方面，积极开展与社会民众、企业单位、旅游机构的沟通合作，共同创造文化价值，促进人们在文旅活动中对文化精神的碰触、文化底蕴的体认。值得进一步说明的是，我国图书馆在文化融合中势必关涉着与市场、金融资本的连接，这并不表示我国图书馆将改变自身的运行本质，违背公益性原则，转变为以经济为利益的经营性单位。相反，我国图书馆在实施文旅融合时获取经济效益后，能够更好地举办为社会民众服务的公益性活动，提升文化服务品质，升级文化服务设施设备。

产品与服务不仅是我国图书馆学文旅融合发展的切入点，还是我国图书馆基本样态的直观呈现。例如，图书馆推广各类文化创意产品、将图书馆装饰成人文景观供游客观览、馆员向游客解说地方特色馆藏等，这些都是细致入微的融合现象。实际上，当前我国图书馆文旅融合在创造产品和文化服务实践后，一定会

---

[1] 雒树刚.努力推动文化建设与旅游发展再上新台阶［J］. 商业文化，2019（1）：81-89.

在实践基础上产生出文旅融合的衍生性业态。然而产品融合、服务融合只是图书馆文旅融合的一部分，这也极易让我国图书馆学文旅融合研究浮于表面。建筑艺术、馆藏资源能够代表图书馆呈现的文化特色，在与旅游要素充分融合后可尽显多元化的共生生态，产生双向叠加效应，如“图书馆+交通”“图书馆+景点”“图书馆+文创”是当前我国图书馆文旅融合的典型业态，分别对应了旅游行业中的各个要素。

我国图书馆学文旅融合研究的最高境界是价值融合。价值上的融合是图书馆学文旅融合的核心要义，文化价值、教育价值、经济价值、体验价值在整合要素和培育融合业态上融会贯通，并在聚集效应的推动下提升整体价值，从而促进我国图书馆学文旅融合往深处融、往实处融。存储信息资源的图书馆，是公共文化机构，其核心价值是文化价值，同时理念融合和职能融合是图书馆文旅融合的必然诉求和基本旨归。现实情况下，我国图书馆学文旅融合过程可概括为文化与旅游的共生、共创，图书馆可为旅游发展提供智力支撑，为游客提供具有特色的文化服务，同时，旅游业的高质量发展又为图书馆业务功能的扩展提供契机。在文旅融合向度上，从有形产品、业态及有价值服务向无形理念、数据要素、价值融合转变，最终形成以图书馆为核心的紧密联结的文旅价值共创系统。

（二）我国图书馆学文旅融合的逻辑层次

我国图书馆学文旅融合不仅是一个复杂的系统部署，还是在特定逻辑关系下由若干个空间层次组成的对象主体。了解我国图书馆学文旅融合的逻辑层次，弄清其行为边界，能够更加精准地探查我国图书馆学文旅融合的深层含蕴。依据文旅融合的空间层次关系和对象主体关系，我国图书馆学文旅融合的逻辑层次具有3个方面的内容：

（1）我国图书馆实施文化治理，将文化场域视为旅游地。从空间发展的角度看，我国图书馆担负着传承历史文化和人文精神的责任，同时其建筑艺术风格又是对时代精神的真实反映，这种具有记忆色彩的艺术品位能够给游客留下深刻的印象。图书馆一直被社会民众誉为“第三空间”“第二起居室”，既是区域内必备的公益性文化设施，更是重要的文化惠民空间。实际上，从空间文化的意义来看，图书馆本身就是一种文化旅游色彩意义的符号，关注的是图书馆建筑的艺术美观和宏大规模。在我国社会主义文化不断进步和发展的今天，图书馆建筑设计被广泛重视，区域文化特征与图书馆建筑设计相结合，成为城市或区域文化景观标志。这些作为旅游新地标的图书馆在提高旅游品位、提升社会文明程度上发挥重要作用，还能带动餐饮、酒店、购物等服务性行业的联动发展，使其成为具有吸引力的旅游观光胜地。

（2）我国图书馆实施文化传播和人文体验，开展各类文旅活动。在文旅融合的时代背景下，我国图书馆肩负着传播社会主义文化的使命，通过传播先进文化，丰富旅游体验内容。将大众化旅游观光升级为文化内涵深厚的旅游体验是图书馆学文旅融合的更高层次的重要特征。从文化空间来看，文旅融合并不只包含图书馆内部，还包含了其他场域外空间，如交通空间、游览空间及场馆集群空间。图书馆文旅融合场域边界延伸，既带来了物理空间的拓展也带来了价值指向的延长。在我国图书馆学更高层次的文旅融合中，图书馆关注更多的是多元空间的有机交融，以此促进文旅活动体验更加丰富多彩。如全国首家书店与图书馆的结合体——新华书店铜陵图书馆店，该店的三层、四层和负一层是铜陵市图书馆，五层为铜陵市职业技术学院的图书馆。读者除购书与借阅图书外，还可在楼内吃饭、喝咖啡、看小型演出、购买文创产品。[1]

（3）我国图书馆实施地方特色文化资源建设，以此为依托进行文化创意产品的研发。从政策层面看，2016年我国颁发了《关于推动文化文物单位文化创意产品开发的若干意见》，要求包括图书馆在内的各级文化文物部门依托馆藏文化资源，大力开发各类文化创意产品，这为我国图书馆全力开发文创产品提供了政策保障。从实践层面看，国家图书馆积极践行文创产品开发过程，为我国图书馆文创产品研发提供了榜样。而把馆藏文化资源中的文字、图片作为开发素材，并对素材进行艺术加工，实现创新性转化和创造性发展的效果，以此赋予其新的生命力应当是我国图书馆文旅融合发展的重要组成部分。例如，台山市图书馆推出的明嘉靖版本《新宁县图经》、莆田市图书馆根据本地方言童谣和莆仙戏脸谱所

---

[1] 张炎.首家书店与图书馆结合体亮相铜陵［N］.光明日报，2016-01-13（9）.

制作的明信片与书签、南京图书馆依照明代金陵派木刻画《金陵图咏》制作的文件夹等文创产品蕴含地方文化特色，而且新奇别致又不失传统意蕴，兼具实用性与趣味性。

二、价值共创下的我国图书馆学文旅融合之架构

在价值共创的环境中，我国图书馆直接与用户或企业交互融合，并以此创造了使用价值。除直接交互外，在推动图书馆研发、设计和生产的过程中，用户和企业通过间接的方式进行互动合作，以此共同缔造新价值。另外，随着我国图书馆服务主导逻辑的形成，文旅融合中共创价值的内涵与外延也在深化，这对图书馆学研究和借鉴企业生产战略、营销理念、消费行为指南具有重要意义。从总体而论，价值共创打破了传统图书馆学观念中资源收藏管理是唯一价值创造的窠臼，把生产加工与信息资源交流的多元主体融入生态化服务中，发挥了多元化主体的特点和优势，彼此协作、整合与互惠，共同生产、创造价值，最终分享价值。对于我国图书馆学文旅融合实现价值共创而言，只是凭借特色馆藏资源和建筑艺术风格来开展各种文化旅游活动是很难实现价值共创的，还需在文化内容和文化服务中融入旅游要素及其他因素，将旅游业等相关行业主体纳入其中，这样才能形成以图书馆为核心、以价值共创为导向的我国图书馆学文旅融合新模式。

我国图书馆学文旅融合的参与主体，是指推动文旅融合且能实现价值共创的组织部门或社会团体。我国图书馆作为文旅融合的关键部门，拥有丰富的文化资源，为此图书馆可以依据馆藏资源构建文旅融合的整体框架和设置文旅活动主题，以指导文旅融合的具体实践，充分显示图书馆自身的内涵价值。此外，还要多渠道谋寻战略合作伙伴，建立价值共创的战略合作关系，以此弥补图书馆在资金、技术、营销方面的不足，践行文旅融合联动，真正实现图书馆与文化旅游的交织融合。

旅游部门作为我国图书馆学文旅融合的关键参与主体，发挥着提供旅游产品、组织旅游活动的功能，要从产品设计、服务实施、活动组织中创造价值。实际上，旅游业是一个较为宏观的总概，并非单指一个企业，除了为游客提供旅游

产品、旅游景点等基本服务外，还要引导游客接受理念教育、文化熏陶，提高游客的思想修养水平。而在我国图书馆学文旅融合研究中，旅游被认为能够与图书馆文化充分交融，所有文化产品和文化服务的价值最终会在旅游单位的规划中得以展现。

新闻媒体、学校、社会民众也是推动我国图书馆学文旅融合的重要参与力量。他们在各自的社会领域发挥着宣传推广、形式创新、文化体验等作用，以不同的社会身份，从不同的分析视角，持续促进我国图书馆学文旅融合的高质量发展。例如，新闻媒体主动对接文旅活动或文旅产品，并积极宣传报道，引导社会民众参与活动，同时发挥舆论监督功能，促进文旅活动、文旅产品质量提高。学校主要从人才培养上创造价值，输出人才价值，才能保障文化价值，以此推动我国图书馆学文旅融合事业的可持续发展。学校，特别是高等学校积极实施人才培养，为我国图书馆学文旅融合事业的发展输送高级人才。社会民众作为图书馆文旅活动的直接参与者，在价值共创体系中发挥着重要作用，主要是通过参与文旅活动、进行文旅体验来反馈建议意见，这是社会民众价值创造的重要体现。

三、我国图书馆实施文旅融合的实践路径

我国图书馆实施文旅融合，要加强顶层设计，建立健全文旅融合高质量发展的体制机制，强化人才队伍建设，为文旅深度融合、创新发展提供政府政策、图书馆规章制度保障。

（一）激发创意，科技创新，促进文旅产品融合发展

以大数据技术为保障，激发图书馆文化创造热情，开展科技创新活动。以图书馆文化资源为基础，实施文化创意，形成文化产业。组织专业技术力量，深挖区域文化特色，积极创作高水平文化节目，推出精品文旅路线，关注文化内涵，把文化元素纳入场域设计，使文化成为图书馆文旅融合的灵魂。一是全面开发利用文化资源，深入挖掘文化精神内涵，打造文创IP。收集和整理文旅资源，拓展文献开发利用功能，打造新时代文旅产品。拓宽文献检索范围，从优质文献

中寻找IP素材，组织、设计、整理IP情节，通过电商宣传推广，努力成为“网红”文创IP和文化特色旅游地。二是形成创意节点。创建文化产品体验场域，感受现代技术创造引爆的文化价值品位。以文化引领的方式，创意赋能文化产业。发挥文化创意辐射和带动作用，创新创意节点，建立创意特区，形成高质量创意产品。提升旅游产品好评率，追求文旅业务发展好口碑，建立文旅融合的长效机制。三是遵守国家相关政策，遵循文旅融合发展规律。以国家法律为依据，制定文旅融合发展规划，确定文化旅游范围。加强文旅示范区建设，传承优秀传统文化资源，推动图书馆文旅产业代际化、区域化发展。

（二）整合文化资源，提取文化要素，促进文旅产业融合发展

制定文旅发展战略，实施文旅星级服务，找准文旅产业研发与应用的结合点，推动图书馆文旅产业精细化延伸发展。打造文旅融合发展的新业态、新模式，推动文旅融合往深处走，往上游走。构建“图书馆文化+精细旅游”新模式，研发图书馆文化旅游IP，以优质的文旅融合新场景带来美妙的人文体验。制订研学旅游计划，探索、挖掘文化思想内涵，传承革命文化和红色基因，推动优秀传统文化活起来，广为弘扬社会主义先进文化。

（三）创造良性环境，优化资源状况，促进文旅市场融合发展

推动文旅深度融合，建设文旅项目、培育文旅主体，实现文旅融合的供给侧优化。实施供给侧和需求侧循环建构，强化文化建设，带动经济发展。两手同时抓而且都要抓得硬，一是抓文旅项目建设。积极关注和主动谋划一批有时代影响力的文旅标志性项目，促进各类文化资源要素合理流动。科学构建文旅项目创造创新方式，关注项目落地实际情况，通过项目的高质量建设推进资源整合、产业融合。二是抓主体培育。全面实施文旅龙头产业培育计划，支持以馆员为主加强文旅产业规模建设。加大文旅项目投资引进力度，吸引文化经营实体、文化宣传单位、文化演艺团体融入文旅产业中。三是抓品牌打造。凝练地方特色产品品牌，以策划挖掘的方式，建设好文旅名馆，培育更多的文旅品牌，建立层次清晰、架构紧密的文旅品牌体系。

（四）立足现代，用好科技，促进文旅技术融合发展

运用大数据、人工智能、物联网等现代技术，提高文旅产品的供给质量和产出效益。一是强化文旅产业与互联网的深度融合。建构“文旅＋互联网”文旅融合模式，加大文化资源的传播力度，实现图书馆旅游能级的提升。二是以新兴技术为支撑，促进图书馆文化事业与旅游行业的深度融合。构建智慧型文旅融合服务平台，组建图书馆文化旅游云数据中心，实现事业发展、行业管理、文旅产业、电商平台之间的数据开放和实时共享，不断改进服务方法，提升服务意识，提升旅游满意度。三是建设和运用数字化基础设施，推动图书馆数字文旅产业多元应用融合。数字化技术赋能图书馆文旅服务，促进文旅项目的筹划、建设与运营等发生深刻变化。在文旅行业内树立数字化思维意识，积极推进文旅产业的数字化转型。

（五）打好基础，完善设施，促进文旅服务融合发展

宋瑞、冯珺（2019）对比行业分类标准，认为现代服务业是文旅直接融合的重点。[1]我们要从基础抓起，完善设施建设，打造文旅产业宜居宜业宜游的服务网络。一是做好图书馆公共服务设施升级换代。实施基础设施的配套化建设与管理，打造游、购、娱一体化的旅游线路，在旅游资源上不断满足游客需求。建立和完善文旅产业的服务监督机制，评议、考核文旅融合服务质量，多措并举，推动图书馆旅游项目“引进来”“走出去”。二是树立人性化服务理念。强化文旅项目目标规划，提升文旅融合服务水平。在细节上体现人的关心和尊重，在幸福感上给人们新的体验。文旅融合是否付出巨大的心力，社会民众最能感受到，大场景能够留下深刻印象，小细节更能被主动传播。三是建立网络化服务体系，全面加强服务管理。实施网络服务，形成“一岗多员、一岗多责”的人力资源配置，将服务中心移至文旅活动一线，营造一流的服务环境。安全网络机制可提高文旅服务的处置效率。实施卫生网格机制，大大提升实际场域的卫生质量。

---

[1] 宋瑞，冯珺.文化与旅游融合发展：基于国民经济行业分类体系的测度与展望［J］.财经智库，2019（3）：82-94.

第二节　我国图书馆学文旅融合理论的机制维度和测度路向

文化与旅游均存在着经济性与事业性的双重属性。经济性即为盈利或产业化，事业性即为社会公益或服务效益。从组织机构性质来看，图书馆文化建设是以事业发展为主，兼顾产业发展需求；旅游业则以产业发展为主，兼有文化建设功能。目前，由于社会发展的需要，我国图书馆学界正在兴起文化产业与旅游产业的融合研究。首先，我国图书馆学文旅融合的动力机制问题。文旅融合的事业性特征不能以产业边界来表述，非物质文化旅游产业具有无形性、活态性特征。科学技术进步是文旅融合的动力，而文化创新才是文旅融合的核心所在。其次，我国图书馆学文旅融合的层次问题。从经济价值来看，在我国图书馆内外部动力的推动下，文旅融合的支持层次是制度支持、人才引进和技术融合。空间是文旅融合支持层中的重要内容，但文旅融合空间问题还需进一步研究探讨。最后，我国图书馆学文旅融合的等级问题。文旅融合的初级状态是拼合，中级状态是掺和，高级状态是融合。目前，我国图书馆学文旅融合理论研究还处于初级阶段，更高一级的状态还需进一步分析研究。

我国图书馆学文旅融合的耦合测度采用了定量分析手段。文化与旅游各主体基于场域背景，持有资本或执行权以践行融合过程。但是把主观行为作为文旅融合测度标准是不准确的，我国图书馆学文旅融合并不只是产业层面的融合，其理论研究更亟待创新运用调研访谈、问卷调查、性质分析、解释结构模型等替代方法，以提高文旅融合定量分析的水平。

一、我国图书馆学文旅融合的概念维度

我国图书馆学文旅融合兼有事业性和经济性的双重特性，其形式有四种：文化产业与旅游产业融合、文化产业与旅游事业融合、文化事业与旅游产业融合、文化事业与旅游事业融合。我国图书馆学界在分析理解“文旅融合”这一概念的

含义时，往往能够注意到其四种形式的差异，见图6.1。

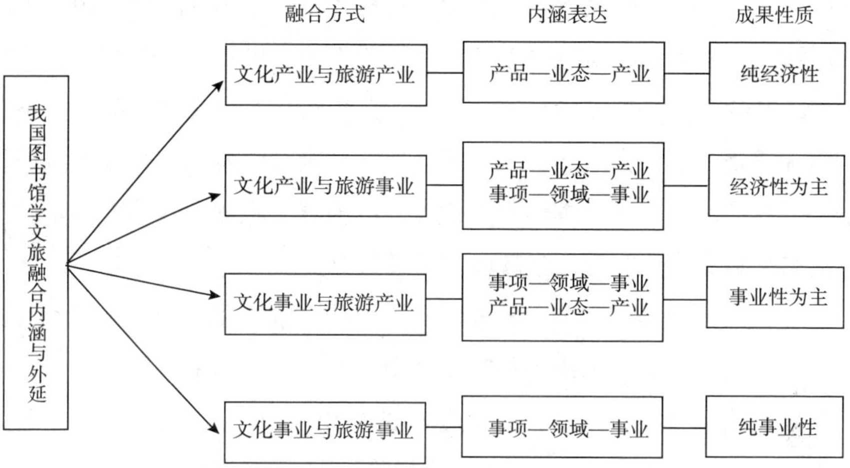

图6.1　我国图书馆学文旅融合内涵与外延

从经济属性的角度来看，我国图书馆学文旅融合产生的成果为文旅产品，属于文旅业态和文旅产业范畴，融合成果性质是纯经济性的，即具有营利性属性。从事业属性的角度来看，我国图书馆学文旅融合产生的成果为文旅事项，属于文旅领域和文旅事业范畴，融合成果性质是纯事业性的，即具有公益性或公共服务性。

如果文化与旅游融合中有一方具有经济性，而另一方具有事业性，其融合成果既包含“产品→业态→产业”，也包含“事项→领域→事业”，即具有经济性与事业性混合属性。一般情况下，位于主导地位的一方决定着经济性还是事业性占据主导位置。譬如文化产业与旅游事业相融合，文化产业占据主导地位，文化产业融合文旅产品、文旅业态及文旅产业具有经济性主导地位，并附带有一些公益性或公共服务性功能。以私人图书馆为例，以营利为目的，也可以融入当地旅游公共服务中，如免费接待大学生研学旅游，成为大学生暑期旅游线路节点之一。

二、我国图书馆学文旅融合的机制维度

（一）识别主体

我国图书馆学文旅融合机制维度的查找，必须以进行融合的主体维度的识别

为基础。对于具有人文精神的图书馆学文旅融合来说，其主体包括政府、图书馆自身和社会民众。政府是文旅融合政策的制定者和融合理念的顶层设计者。图书馆是文旅融合的供应者，实施文旅信息资源的生产、供给，经营文旅产业，引导文旅消费。社会民众是文旅融合的需求者，在政府文旅融合政策的引导下，根据自身的需求愿望，选择合适的文旅产品，进行文旅融合体验。在线上或线下图书馆环境中，社会民众以图书馆活动为背景，在国家文旅融合政策支持下，传承和发扬社会主义新文化，促进文旅旨趣更具吸引力。

政府加强政策指导和宣传引领，图书馆提升文旅产品的消费水平和文旅活动的品质，以文旅资源的产出来满足社会民众精神文化的需求。另外，政府文化职能部门制订文旅融合发展计划，发布文旅融合建设策略，其内容涵盖了公共文旅活动和文旅产品，公共文旅活动由图书馆组织，文旅产品实施专门生产，以满足社会民众的文旅生活需求。

（二）研究机制

我国图书馆学文旅融合的机制动力，来源于图书馆系统的内外部。内部驱动力是文化与旅游在信息、产品、业态上的融合，外部驱动力是文旅产品融入市场经济的新变化，即新机遇中文旅需求的持续增长。两者形成我国图书馆学文旅融合的机制合力，在内部政策和外部技术的共同影响下，加速我国图书馆学文旅领域的融合。

基于机制的动力发挥，我国图书馆学文旅融合空间层次可以划分为平面、垂直、立体3个维度。平面维度展现文旅水平关系。以图书馆场域为载体，实现了文旅业态、文旅产业、文旅事业3个方面的融合。另外，在市场经济规律的指导下，形成了产品、市场、服务融合层次。在政府政策规划下，形成了设施、事业、服务融合层次。垂直维度展现文旅纵向融合的等级关系。文旅融合产生“拼合→掺和→融合”三级局面。前者将文化的非真实性植入旅游领域，形成伪文化。中者基于文化场景的再布置、技术的再加工，促进地方旅游经济的发展。后者将文旅融入生态、生活、生产空间，顺理成章地实施跨阶段的有序演替。同时，文旅融合在纵向方面呈现“要素融合→价值融合”的二级递进等级，要素融合向价值融合的转换实际上就是文旅价值链、创新链的融合与接续。立体维度展现文旅融合的高质量发展关系。以其实现平面维度多元、垂直维度高级的立体融合。文旅融合使场域结构更为复杂、系统更为强劲、弹性功能更为优良。设定复杂、多变的非线性系统，优选立体维度模型，促进形成高质量的文旅融合产品。

三、我国图书馆学文旅融合的测度向路

（一）测度的重点

提升文旅融合水平及高质量发展是我国图书馆学界关注的热点。文化产业与旅游产业作为我国图书馆相关联、进行研究的两大产业系统，需要采用综合指数法对两个系统进行测评，再运用物理学容量耦合模型对其进行耦合测度，基于两个系统的共享度合成来计算文化产业与旅游产业的耦合发展度。

$$A_i=\sum_{i=1}^{n}b_{ij}n_j\ (j=1,2,\cdots,m) \tag{6.1}$$

$$C_i=\sum_{i=1}^{n}d_{ij}n_j\ (j=1,2,\cdots,m) \tag{6.2}$$

$$E_i=2\times[(A_i\times C_i)/(A_i+C_i)]^{\frac{1}{2}} \tag{6.3}$$

$$F_i=\alpha\times A_i+\beta\times C_i\ (\alpha=\beta=1/2) \tag{6.4}$$

$$EF_i=(E_i\times F_i)^{\frac{1}{2}} \tag{6.5}$$

式（6.1）、式（6.2）为运用综合指数法对文化产业（A_i）和旅游产业（C_i）的第i年综合数值的测算。其中b_{ij}为文化产业第i年第j项的效益指标，n_j为第j项指标的权重值。式（6.3）中E_i表示第i年文化产业与旅游产业融合的耦合度。式（6.4）中F_i表示筹划第i年文化产业融合发展程度。式（6.5）中EF_i测度了文化旅游发展程度。

耦合度反映了文化产业与旅游产业两个系统的紧密关系。文旅融合是你中有我、我中有你的共生发展，文化与旅游互为载体。为此，以耦合度来测度文旅融合的发展水平，符合我国图书馆文化建设的原本含义。文旅融合是文化与旅游两大系统的合二为一，正如范文澜所说的“女真族与汉族通过共同的经济生活和文化交融，促进着民族间的融合”。我国图书馆学文旅融合强调的是文化，所以落脚点必然会在“文”上，由此不难看出，从我国图书馆学理论角度出发，文旅事

业、文旅产业、文旅产品等新词汇是伴随着文旅融合而出现的。

（二）测度的路向

文旅融合的突破点在于融合机制问题，需要结合主体行为特征，对融合主体的各要素进行定性和定量化测度。

1.遴选指标

文旅融合是杂糅的、错综复杂的，是一个动态的非线性系统。基于动力机制，即主体供给、市场需求、环境条件，以政府、图书馆、读者、资源、社会民众等5个准则层，选出25个综合评价因素（见表6.1）。

表6.1 文旅融合指标体系

标准层	中间层	准则层	指标层	编号	量化方法
文旅融合水平	供给方	政府	政策宣传	C_1	经费或人员投入
			财务政策	C_2	经费投入
			顶层设计	C_3	经费投入
			服务设施	C_4	经费投入
			市场管理	C_5	经费或人员投入
			文旅投资实力	C_6	投资能力
		图书馆	文化产品研发	C_7	经费投入
			旅游活动开发	C_8	经费投入
			文化体验设计	C_9	经费投入
			线上线下组合	C_{10}	经费投入
			科学技术开发	C_{11}	经费投入
		读者	社区决策话语	C_{12}	访谈及问卷评分
			利益分配公平	C_{13}	访谈及问卷评分
			文化自觉自信	C_{14}	访谈及问卷评分
			历史社区完整	C_{15}	访谈及问卷评分
			区域文化市场	C_{16}	访谈及问卷评分
		资源	文化社会知名度	C_{17}	访谈及问卷评分
			文化资源丰富性	C_{18}	专家咨询
			物质文化规模度	C_{19}	专家咨询
			非物质文化承载	C_{20}	专家咨询
	需求方	社会民众	受教育程度	C_{21}	统计数据
			旅游消费实力	C_{22}	统计数据
			文化旅游需求	C_{23}	访谈及问卷评分
			文化认同感	C_{24}	访谈及问卷评分
			小众旅游需求	C_{25}	访谈及问卷评分

设定拟定因素与文旅融合的关联性评语集合为

$$k_i=\{k_1, k_2, k_3, k_4\}=\{有关，重要，一般，无关\}=\{0.9, 0.6, 0.4, 0.1\} \quad (6.6)$$

运用特尔斐法则对10位专家进行轮次咨询，再把拟定因素评语集合及评定人数进行汇总，建立文旅融合影响因素隶属度矩阵$\boldsymbol{M}$，并求出评分结果矩阵$\boldsymbol{N}$:

$$\boldsymbol{N}=\boldsymbol{M}\times k_i^{\mathrm{T}}\ (i=1, 2, 3, 4) \quad (6.7)$$

根据评语集合可知，选取评分$n_i \geqslant 0.7$的因素予以保留，其他因素做删除处理。

2.综合测度

首先，运用层次分析法计算各要素的权重值。其次，将原始数据进行极差标准规范化处理，消除不同量纲的影响。最后，运用综合指数法，对文旅融合高质量发展水平进行测度。

$$f(x_j)=\sum_{i=1}^{20} ax_i; f(y_i)=\sum_{i=1}^{5} by_i \quad (6.8)$$

(6.8)式中，$f(x_j)$和$f(y_i)$分别表示第j个区域供给方和第i个区域需求方综合值，x_i、y_i为对应的供给方和需求方指标，a、b为对应供给方和需求方指标层权值向量。

3.机制测度

(1)建立影响矩阵。表6.1中文旅融合指标经过遴选后，以相对应的因素实施矩阵$\boldsymbol{G}$的构建，其中g_{ij}表示c_i对c_j的直接影响程度。$\boldsymbol{G}$行元素累加求和，选择最大值，设定$\boldsymbol{G}$即得规范矩阵$\boldsymbol{H}$。

$$\boldsymbol{H}=\boldsymbol{G}/\max(1 \leqslant i \leqslant n)\sum_{i=1}^{n} g_{ij} \quad (6.9)$$

(2)辨别影响因素。各因素之间直接影响和间接影响的累加形成综合影响矩阵，用以分析研究每一个因素对系统中关键因素的影响。以$\boldsymbol{T}$表示综合影响矩阵，计算公式为

$$\boldsymbol{T}=\boldsymbol{H}+\boldsymbol{H}^2+\cdots+\boldsymbol{H}^n=\boldsymbol{H}(\mathrm{I}-\boldsymbol{H})^{-1} \quad (6.10)$$

根据综合影响矩阵$\boldsymbol{T}$，以行元素之和计算影响度e^i，以e^i表示文旅融合因素c_i对关键因素的影响程度；以列元素之和计算被影响度f_j，表示文旅融合因素受关键因素的影响程度；以影响度与被影响度之和计算中心度m_i，表示因素c_i评价指

标体系中位置及其所起作用的大小；以影响度与被影响度之差计算原因度n_i，若$n_i>0$，表示因素c_i对关键因素影响较大，若$n_i<0$，表示c_i在一定程度上受到关键因素的影响。

$$m_i=e_i+f_j(i=j,\ i,\ j=1,\ 2,\ \cdots,\ n);n_i=e_i-f_j(i=j,\ i,\ j=1,\ 2,\ \cdots,\ n) \quad (6.11)$$

（3）建立递阶层次模型。首先建立并计算可达矩阵$\boldsymbol{Q}$。然后依据可达矩阵，运用解释结构模型（ISM）方法，明确可达矩阵$\boldsymbol{Q}$中的可达集合$M(x_i)$和先行集合$N(x_i)$，计算分析是否存在$M(x_i)\cap N(x_i)=M(x_i)$，可陆续获得结构层级P_i（$i=1,\ 2,\ \cdots,\ k$）。层级之间划分$\theta_i(n)$可表达为以下算式：

$$\theta_i(n)=[Y_1,\ Y_2,\ \cdots,\ Y_i]$$

确定第0级为空集，则$\theta_i(n)$迭代计算方法为

$$Y_i=\{n_i\in N-Y_0-Y_1-\cdots-Y_{i-1}|M_{i-1}(n_i)\cap N_{i-1}(n_i)\} \quad (6.12)$$

指标遴选剔除了所有的沉余因素，是文旅融合综合评定及机制探查的立足点，不但减少了运算步骤，还提高了综合指数法和机制判断的可信度。

文旅融合在政策支持、技术支撑等条件下，既有图书馆文化发展外在动力又有市场需求的内在驱动力，进而内外部合力促进文旅的融合。为比较我国各级各类图书馆文旅融合的发展水平，需要对区域文旅融合状况进行测度。同时要考虑到我国图书馆学文旅融合概念上的不同维度，以及文旅融合动力机制上的不同维度，从文旅融合的供给方与需求方两个方面构建文旅融合评价体系，并运用主客观结合的方法，规范地测量文旅融合的高质量发展水平。

文旅融合是促进我国图书馆文化传承、文化产业发展、文化产品创新的重要手段，也是提升我国图书馆旅游文化品位、促进文化与旅游协同高质量发展的有效途径。在我国图书馆新的发展阶段，文旅要进一步深度融合。要做到深度融合，文化与旅游的紧密互融、思想表现、方式创新是关键。我国图书馆学文旅融合的测度则是探查融合深度维度的科学方法。目前我国图书馆学文旅融合研究还处在探索阶段，虽然取得了一些重要理论成果，但仍旧存在许多问题。实践已经证明，实现文旅真正的深度融合，除政府政策、运行机制、人才培养的保障外，重点是促进文旅事业、产业、产品、服务、效益等方面全方位、多层次地有效融合。

第三节 我国图书馆学文旅融合发展趋势

在价值共创环境下，我国图书馆学文旅融合并非只是文化资源与旅游服务的简单累加，而是多元主体实施价值共创形成的价值凝聚和文旅交融。随着价值凝聚的不断增值，文旅融合发展走向深处、落到实处。价值共创促进了我国图书馆参与主体的升级扩容、科技的融合加剧、价值的日益增值和时空的延伸扩展。

一、参与主体的升级扩容

价值共创要求文旅融合多元主体参与并共同创造价值。对于我国图书馆而言，文旅融合是实现图书馆文化资源创造性转化、文化服务创新性发展的重要途径，也是促进社会文化精神生活水平不断提高、满足社会民众多样化文化需求的重要手段。一直以来，图书馆是国家旅游的一个重要门户，价值共创促进我国图书馆越来越以主人翁的姿态融入文旅融合之中，成为文旅融合高质量发展的中坚力量。对于社会民众而言，我国图书馆提供的多元化文化体验，能够在很大程度上满足社会民众个性化、多样化的文化消费需求。同时我国图书馆学文化融合研究产生的价值效应会吸引更多主体参与其中，并在市场经济的推动下产生文旅融合强大的动力。

参与主体在我国图书馆文旅融合活动中出现扩大趋势的一个明显表现就是社会民众的参与力度越来越大。据统计，截至2022年底，我国图书馆总体数量达到4378个。2022年全年图书馆流通人次达97523.19万次，全年举办各类文旅活动79314次，参加人次210.39万。可见，社会民众参与文旅活动已经成为我国图书馆学文旅融合的重要内容。社会民众参与度的提高主要表现为需求端的发力促进了文旅融合发展，社会民众通过参与文旅活动来获取更多的文化体验，以此满足对文化的需求，同时我国图书馆开展文旅活动，实现文旅融合恰好可以满足社会民众的这一需求。相较于传统图书馆，目前我国图书馆更加注重社会民众的文化需求和体验诉求，如温州市图书馆举办的春之声经典诗文朗诵会、英语之星电视大奖赛、相约在温图·共度文化年等活动，就成功引起了温州及周边地区人群的关注和参与，有效推动了温州市旅游的发展，而这些活动亦随之成为本地的知名阅读品牌。实际上，参与度的提高所反映的本质是社会民众对高品位的文化精神的体验需求升级，在参与文旅活动获取价值体验的同时寄希望于与其他参与主体共同创造更多的文旅活动价值，实现或共创价值效益最大化。

前文已经提到，在实施价值共创过程中，除图书馆和社会民众之外，新闻媒体、学校等主体也是文旅活动的主要参与力量。这些主体在凭借自身优势参与文旅融合活动的同时，也会吸引更多外延主体参与其中，从而推动文旅融合产业和多元产品的新发展。同时，新兴产业和新型产品的涌现，势必会吸引更多社会民众的关注，从而产生更大的“网红”效应，形成更大的价值空间，进而推动我国图书馆学文旅融合研究的可持续发展。

二、科技的融合加剧

大数据、人工智能、区块链等技术的快速发展，促进了数字图书馆的普及应用，图书馆数字网络文化服务已经成为可能。这促使我国图书馆与科学技术不断融合，我国图书馆与科技企业的关系日益密切，价值共创趋势更加明显。

在我国图书馆文旅融合活动中，图书馆科技能力的显现主要是通过“图书馆+交通”的研发模式来实现的。如杭州地铁2号线打造的“移动图书馆”，6节车厢分别设置为儿童、爱情、武侠、科幻、推理、历史六大主题，车厢内壁上印制的书摘则源自杭州市民喜爱的经典书目，同时在7个阅读车站设置“悦读角”，乘客通过扫码便可体验在线免费阅读，实现智能化服务。虽然此类图书馆文化服务活动目前主要出现在发达城市，但在先进科学技术不断被普及应用的情况下，我国图书馆与科学技术融合会越来越深入，由先进技术支撑的文旅活动会在全国各地越来越普及。

三、价值的日益增值

图书馆、旅游部门、新闻媒体、社会公众在文旅融合方面的紧密合作，加速了我国图书馆学文旅融合的价值共创，促进我国图书馆价值共创体系出现了增值之态。目前，我国图书馆除具有资源收集、整理、传输等常规功能外，文旅融合功能也充分显现。值得进一步说明的是，文旅融合功能的增强，并不是因为图书馆自身具有商业性，而是图书馆的服务功能在旅游业的带动下得以充分发挥。为此，在多元主体的共同参与下，我国图书馆已经由藏书场域转变为文化资源活学活用之地，其所拥有的文化、历史、艺术等价值也逐渐衍生出休闲、品牌、体验等价值。我国图书馆价值增值与多元主体的参与有着密切的联系，同时通过参与文旅活动，对多元主体的经历体悟和价值获取产生正向作用。在文旅活动中，社会民众从文献资源中获取文化价值的同时，也获取了丰富的情感体验。而涉及的旅游部门、新闻媒体、社会组织等主体，也从中获得了足够多的经济、流量、品牌价值。

我国图书馆以组织文旅活动方式而形成的文旅产品，在创新创意和情感体验中仍有跃升的空间。文创产品作为表达创意思想、符号和生活方式的消费性产品，其本质是推广文化、传承文明。[1]图书馆追求文化资源的宣传与推广的最大化，通过研发文化创意产品和开展文化创意服务能够起到延伸图书馆宣传和推广功能的作用。自2016年国家颁布《关于推动文化文物单位文化创意产品开发的若干意见》以来，我国图书馆就开启了文创产品的融合之路。尽管在融合过程中存在产品样式单调、主打产品单一等问题，但是文创产品的积极推广必定会为图书馆文化资源的创造性转化和文化服务的创新性发展带来更高价值的质的升级。

四、时空的延伸扩展

随着更多主体参与到文旅活动中，文旅活动的时间边界和空间场域被打破，充分表现出我国图书馆学文旅融合时空界限无限延伸之态。

---

[1] 陈畅.公共图书馆文创产品的开发与推广研究［J］.图书馆学研究，2017（11）：74-78.

首先，文旅融合的节奏不再受限于图书馆的开放时间，完全能够延长时间，实现实时融合。近年来，我国图书馆结合自身特点，不断满足社会民众文化消费升级之需求，延长开馆时间，举办夜场文化活动。另外，随着RFID识别、身份证识别、无线传输等技术的广泛应用，自助图书馆被普及使用，这也完全打破了时间限制，全天候提供文化服务。由于图书馆的全天候开放，社会民众也能随时参与文化活动，数字图书馆持续提供文化服务，其他参与主体随时参与其中，在价值共创体系中实现价值创造。

其次，随着文旅融合的深入实施，图书馆与旅游单位、新闻媒体、社会民众之间的结合更加紧密，这也说明多元参与主体组织文旅活动、进行价值共创的空间已经超越图书馆，扩展到图书馆场域之外。不仅如此，随着先进技术的快速发展，文旅融合空间已经由线下延伸至线上。在无限宽广的网络空间里，多样化的文旅活动完全不受物理空间的约束，彻底发挥了价值共创的文化建设功能。

第七章
数字技术赋能我国图书馆学文化治理发展研究

第一节　我国图书馆学文化的数字化发展：一项数字人文的理性考察

数字人文是当前人文领域研究的热门话题。究其根源，我国图书馆学研究有人文学科研究的独特精神气质，我国图书馆学文化建设更多的是展现理性意义下的非量化抽象义理。数字技术实际上是一种探索虚拟世界的工具理性，本质上是对人文精神的再归纳、再创新的现代先进技术。文化为体，数字为用，数字技术赋能我国图书馆学文化发展，实质性地推动了我国图书馆学文化研究，在深入分析研究我国图书馆学文化精神创新发展中发挥着重要的作用。

一、数字人文：我国图书馆学文化建设升级换代的新尝试

数字人文促进我国图书馆学在理论研究方法、工具使用、学术视野以及思想理念上呈现出新的特征。这些新特征也被图书馆学界视为我国图书馆学文化建设与发展的新机遇。确切地说，为我国图书馆学文化研究带来新机遇的数字人文具有3个方面的特征：

第一，以大数据、人工智能技术为支撑，我国图书馆实现了文化资源数据

的整合与开发。从宏观意义上讲，从最初的计算机文字处理技术开始就产生了一定程度的人文意义，但是数字人文并非只是落定在一般意义上的运算处理和信息检索的功能上，它具有数据分析、技术推演、多媒体呈现等功能，这是传统人文功能所无法比拟的。数字人文运用现代技术提出关于我国图书馆学思想历史、文化生成过程、文化价值等创新性问题，“通过自然语言处理能力，从大量文本中抽取要旨并对其进行总结，从而使图书馆学研究者发现大范围趋势、模式和关系，而这些是无法从单个文本或细节分析中发现的”。[1]我国图书馆学文化建设要依据数据分析来研究文化理念，探寻那些传统印刷文本“近读”无法实现的文化景观。

此外，运用大数据技术可以提升我国图书馆学文化研究的效率，保障研究的质量。研究人员从信息资料收集、整合、存储的烦琐事务中解放出来，集中精力进行科学研究，产出和发表高水平成果。图书馆不断提高服务质量，开拓服务渠道，提供精准的课题跟踪服务，保障研究人员快速获取关键信息，实现传统研究无法达到的学术感受和理论景观。大数据技术赋能我国图书馆学文化研究，形成数字人文景观，不仅使得文本修改、检索获取、整合存储更新换代，建立起图书馆学文化信息数据库，还能够通过数据文本、字词语句的逻辑计算构建数字化关联模式和数字人文化研读模式，以此引导形成文化建设新思维，为开创我国图书馆学新文化精神提供技术支持和资源保障。

第二，将我国图书馆收藏的大量文化资源转化成可运算的、可视化的、空间化的信息资源模式。与传统纸质文本的“近读”模式相比，数字人文的知识阅读模式呈现诸多新特征，数字人文更多地表现出计算思维，以数据运算的方式对文化资源进行抽象化分解或聚合，将丰富的文化资源以数字化结构的形式进行呈现，并以数据演算和数字控制的方式实现文化资源数据库的检索和获取功能。

数字人文在我国图书馆学文化建设中的应用，客观地体现了虚拟仿真技术与

---

[1] 安妮·伯迪克，约翰娜·德鲁克.数字人文：改变知识创新与分享的游戏规则［M］.北京：中国人民大学出版社，2018：40-41.

信息技术的有机结合。数字技术的运用，解决了我国图书馆学发展中无法克服的技术难题，“历史模拟环境可以将人们带入图书馆沉浸式环境中，制造一种在其中行走的体验，形成一种身临其境的虚拟环境”。[1]数字人文意旨在于将我国图书馆学文化信息空间分布与文字描述相结合，实现文化信息在地理位置上的连续、在时间上的延续。同时，数字人文支持我国图书馆学文化的可视化分析，将大规模文化数据录入数字模板并上传以此制作我国图书馆信息地理分析表和信息流通图谱。

第三，构建我国图书馆学文化信息资源的传播模式，实现文化信息共享。数字人文的一个典型特征就是跨学科学术交流，多学科合作、共享，多群体受众，知识开放获取是数字人文的内在要求。数字人文促进了我国图书馆学文化建设的自然科学与社会科学的跨学科融合。在数字人文技术的支撑下，图书馆增强数字运算能力，结合人文理念精神，构建文化资源共建共享模式。

从学科关系的角度来看，自然科学与图书馆学之间的互动有所增强，在很大程度上改变了图书馆学文化建设各自为政的狭隘状况。我国图书馆文化建设的一个重要目的就是实现知识共享，为此，一旦文化数据库建立起来，数字人文理念促使我们以方便、快捷的检索方式就能获取相应的数字文化资源，“传统人文研究在一定程度上囿于时空，研究者之间的关系更多的是一种小规模协作，而当前的数字人文研究突破时空限制，使得基于众包的内容生产、组织加工、服务提供、团队管理与大规模协同工作成为可能”。[2]知识共享的文化发展模式影响着我国图书馆的信息传播方式，通过网络搜索可以获取数字检索工具，检索工具使用与学科理念开发的融合也易于操作，如此可以快速打开图书馆学科边界，及时传播新文献、新信息。

数字人文的这些特征表现，在传统人文表达中是无法实现的，这也是数字人文在我国图书馆文化建设中被广泛关注和应用的重要原因。

---

[1] 安妮·伯迪克，约翰娜·德鲁克.数字人文：改变知识创新与分享的游戏规则［M］.北京：中国人民大学出版社，2018：46.

[2] 王丽华，刘炜.助力与借力：数字人文与新文科建设［J］.南京社会科学，2021（7）：130-138.

二、我国图书馆学文化建设应用数字人文的新挑战

数字人文赋能我国图书馆学文化建设，促进了我国图书馆的高质量发展。然而如果过分依赖数字技术而忽视精神领域的支柱作用，则不会推动我国图书馆学文化建设的深入发展。随着数字技术在人文科学领域的广泛应用，其可能会给我国图书馆学文化建设带来一些负面效应和潜在风险。

首先，在数字技术的支撑下，我国图书馆收集或发布信息资源的方式更加快速、便捷，但是一旦涉及人文精神的分析研究，在使用数字人文的力度上就难以掌控，快速、便捷的收集或发布方式并不等于能够充分理解人文精神的深远意义。虽然数据人文对传统经典文献赋予了快速、便捷获取的智能化方式，但是由于对数字技术的过分依赖，大数据技术的“远读”模式在取代传统的“近读”模式时出现了理念上的风险，理解人文文献的经典意义不可能通过全面数据量化的方式得以实现，这需要审读的感悟、分析、诠释与数字人文的有机结合。换言之，人文经典文献快速、便捷地获取来源于我国图书馆对文化经典、文化智慧、文化哲理的理解和收集，让人文研究学者通过阅读有所感悟，以此获得启迪才是人文理念的真谛。

从古代藏书楼到现代图书馆，我国图书馆遵循读书育人的规训，强调读书明理、知行合一，感召读者从读书中汲取知识、获取力量。可见，阅读与文本之间形成精神意义上的关联尤为重要，正如朱熹所言：“学者读书，须要敛身正坐，缓视微吟，虚心涵泳，切己省察。”这些都是数字技术难以达到的人文理念的最佳效果，人文理念所要达到的文化价值效果不能机械地、完全地量化或数据化。

其次，我国图书馆学文化建设过度依赖数字技术会导致人文浓度的淡化。纯数字技术研究模式，寄希望于通过技术手段取代慢节奏的传统文献传播方式，并呈现出挽救不进取的传统人文技术举措，“某些数字人文倡导者重数据轻思想、重图像轻文学、重印证轻发现，推崇数据中心论，从而使人文研究失去人文意义，削弱甚至消解了研究者的主体性”[1]。科学研究的评判标准是数据，通过数据

---

[1] 张耀明.数字人文的价值与悖论［J］. 澳门理工学报（人文社会科学版），2019（4）：131-137.

支撑人文研究是可行的，但是不能唯数据是从，而是要不断优化数据，选取最佳数据作为标准进行科学研究水平的评测。在我国图书馆学文化建设中，传统人文研究具有分析问题、解决问题的洞察力，而当数字技术被绝对推崇时，技术似乎成了唯一连接文化精神世界的方式。过度依赖数字技术以赋能我国图书馆文化建设，这种看似超越人文主观性、追求技术客观性的运算方法实则降低了文化精神的价值，成为数字技术、大数据模型的工具。数字技术能够使我国图书馆学文化资源获取的感受更佳，但是无法替代人文精神的深刻内涵。

由此可以看出，数字人文推动我国图书馆学文化建设出现了一种奇特的情况：数字人文研究凭借多元数据、复杂运算、冗繁模型得出了无须证明的结论，或者在已经定论的前提下重复证明。为此，数据成为描述图书馆学理论的工具。数据分析工具化，公式化地计算数据产生结果，使得我国图书馆学文化研究机械乏味、价值不大。过于依赖数据，能够在文献获取的快速、便捷上取得成功，但是很难避开细细品味的人文思考，我国图书馆学文化的重大研究发现需要时间的积淀和经验的积累，很难通过技术手段快速见成效，“利用数字技术，可以比较好地解决人文学术研究中的一些具体问题，但基本上不可能解决人文学术研究的重大问题和根本问题”。❶因此，图书馆学理论研究者不能对数字技术抱有幻想或者完全依赖数字技术解决文化建设问题。数字人文只有与我国图书馆文化精神深度融合才能真正超越技术属性，在关乎人文主体的基础上实现数字技术纯熟应用和人文数字资源的无限扩大。随着大数据技术的快速发展，必然会出现数字技术与人文主体匹配关系的问题。如果解决不好这个问题，即使运用再先进的数字技术，我国图书馆学文化建设的创造性也不能有效发挥，这极大削弱了数字人文对我国图书馆学文化建设的推动力。

最后，数字技术在我国图书馆学文化建设中的应用会带来一系列现实问题。一是我国图书馆学文化建设所创造的数字人文成果评价及自身定义问题。如果数字人文创造了一个以技术为标准的图书馆学文化精神世界，那么，是否数字技术越先进就说明人文理念越高尚？我国图书馆学研究有着深厚的人文精神内涵，但

❶ 廖可斌.审视“数字人文”的效能与限度［N］.社会科学报，2021-02-04（5）.

是由于自身的发展条件没有及时得到现代科学技术的支撑，我国图书馆学文化研究水平就该受到质疑？当前，数字人文的学科方向并不明确，因此，数字人文赋能我国图书馆学文化建设需要选择是把数字技术开发程度还是人文创造程度作为评测标准，抑或两者相结合。另外，数字人文表达的内涵是专业的，先进的数字技术要求我国图书馆学文化从业工作并非易事，因此也说明数字人文也存在一定程度的领域限制和专业特性，数字人文如何赋能我国图书馆学文化建设仍存在很大探讨空间。

二是数字人文赋能我国图书馆学文化建设面临着法律风险问题。数字人文对我国图书馆文化建设具有指导意义，主要作用在于整合、归纳、呈现文化资源，这种精神意义指导下的运算操作会带来一定的法律风险。在保护知识产权、弘扬社会主义先进文化精神的前提下，如何承受压力、规避风险是我国图书馆学文化建设要面对的新问题。数字人文在我国图书馆学文化领域的应用体现了信息技术和可视化技术的结合，解决了以往图书馆学研究的技术难题。与此同时，数字人文在我国图书馆文化建设中应用也存在着地理信息、信息版权、信息安全等方面的隐患，在一定程度上可能涉及国家信息层面。随着数字人文日益复杂化，我国图书馆学文化建设中数字化、智能化、可视化等新问题越来越凸显。

三是我国图书馆研究、分析、建立数字人文共享模式存在实践困境。当前，数字人文支撑我国图书馆学文化建设的一个明显诉求是建立一个新式智能化的人文数据共享平台，平台建设需要的技术支持力度远大于人文精神的支持力度，尤其在我国图书馆基础设备现代化程度还不成熟的情况下，需要先进数字技术的支撑。或者说，我国图书馆学文化建设得以发展，市场化势在必行，由此可能会因过于活跃的经营行为而使得数字人文逐渐偏离大众文化的轨道，最终成为一种数字技术堆积的高端文化消费产品。这样就会出现以下困境：数字人文原本是为了提供更加快捷的文化资源，让社会民众拥有一种愉悦的心态感受文化神韵，但高端技术要求数字化，使得图书馆学文化成为一种具有高贵身份的产品。如果脱离社会民众群体的支持，我国图书馆很难推动文化发展。如何避免成为代价昂贵的数字人文产品，从而建立起符合人文诉求的图书馆文化大众共享模式，这是数字人文赋能我国图书馆学文化建设亟待解决的现实问题。

因此，我国图书馆学理论研究者对人文精神进行探索的同时也要时刻保持忧患意识：一是要全面考量数字人文在我国图书馆学文化建设中的应用效果；二是深刻分析和充分认识数字技术在我国图书馆文化研究领域进一步扩展带来的负面效应和潜在风险；三是仔细研判我国图书馆文化建设中数字人文升级、基础设施设备建设的投入与产出问题。

三、数字人文合理赋能我国图书馆学文化建设的新理念

数字人文在我国图书馆学文化建设中并未取得理想效果和重大影响。当时“数字人文”更多的是作为“舶来”的新事物在个别的学科领域被关注，难以普及其他学科领域以产生革命性改变。那么，数字人文在我国图书馆学文化建设中应用的意义究竟在哪里？实际上，数字技术仅为辅助我国图书馆学文化建设的一个先进工具，其本身并不能直接推动文化建设，但它在我国图书馆学人文应用研究和我国图书馆文献信息传播领域发挥着不可代替的重要作用。在图书馆理论研究层面，数字人文不能仅仅致力于文化资源管理能力的提升，还要支持建立以技术实践和精神旨归为基础的文理贯通模式。应用数字技术不是人文时尚发展的手段，而是解决文化发展问题的有力推手，这是当前我国图书馆学文化建设中比技术研发还要迫切的理论难题。从实践层面来说，数字人文要提升我国图书馆学文化建设中发现与解决问题的能力，增强文化建设服务社会的能力。数字人文赋能我国图书馆学文化建设是为了使其得以更好地发展，数字人文的出发点也是希望更好地解决人文社会问题，让更多的社会民众理解人文内容、感受人文精神，提升人文科学在社会公共政策和社会民众素质方面的影响力。

第一，数字技术助力我国图书馆学构建优秀传统文化。中华优秀传统文化博大精深，源远流长。借助数据技术能够激发传统文化活力，生动展现社会主义先进文化的精神魅力。一是建立我国图书馆优秀传统文化资源多样化的储存形式，实施数字化管理，以多种方式呈现资源、以多个渠道传输资源。数字技术支持海量数据以多元形式储存，从根本上弥补了传统储存方式中成本高、容量小、易丢失的缺点，简捷、明了的检索操作以及强大数据分析功能使得文化资源的查询更加快捷，程序管理更加科学有序。数字技术支持文化资源多元化呈现，“对文献

经典的保护，可以通过拍摄图片、录音、录像、文字识别、建设数据化档案等方式，进行数字化沉淀和保护，让书写在古籍里的文字活起来。构建系统的文化遗产数字资源库，把碎片化的信息聚合起来，实现数字化、可视化建模，进行立体重构和生动再现”。[1]二是数字技术助力我国图书馆文化产业的开发。数字文化产业开发是我国图书馆学文化创新发展的重要手段，非文本的传统文化资源更需要数字技术的支持维护。以我国图书馆优秀传统文化资源为基础，发挥数字技术创新创造功能，加大图书馆文化研发力度，持续开发特色数据文化产品。加强数字技术与传统工艺的对接，创新交互体验应用，提高我国图书馆数字智能化水平，形成批量、质优的文化产品。

第二，数字技术助推我国图书馆智库建设。图书馆作为情报信息的研究机构，它的科学决策需要数据支撑，智库引领的数字技术发展模式是我国图书馆学文化建设的需要。大数据技术支持智库建设，有利于提高数据分析样本量的质量，拓展变量选择范围。对于非结构数据资源来说，大数据技术分析更加快捷，这种“信手拈来”的分析验证工作往往会出现意想不到的结果，例如无关变量之间的关联显现，强化了数据之间的合作关系。智库可以借助大数据挖掘出更多具有因果关系的逻辑思维机制，为我国图书馆学文化建设提供新思路、新方案。数字人文能够凝聚我国图书馆学文化研究理论中不同见解的可能共识，对文化精神研究中的复杂问题进行诊断，提高图书馆学理论研究中解决复杂问题的能力。当然，数字技术是智库建设的支撑，并不代表智库运行策略的生成完全依赖大数据做出决定，策略的产生既需要大数据的预期分析，更需要人力的智慧判断、价值理念的介入。在智库建设中，如何实现智库引领与数字技术融合是关键所在，应以数字技术为支撑提升智库解决图书馆信息服务的能力，让文化成果与信息需求相结合，为社会阅读生活提供优质服务。

第三，数字技术支持我国图书馆探索用户体验数字人文共享与传播模式。数字人文的共享性主要表现在开放获取的实际效果上，这种表现实际效果的共享既体现了我国图书馆学理论文化建设的合作共享，也是面向我国图书馆学文化建设

---

[1] 曲木铁西，俞林.用数字技术赋能优秀传统文化［N］. 人民日报，2021-07-28（9）.

的获取模式的传播共享。数字人文将文化资源转化为可视化的信息资源，以受众的方式呈现出来，有效促进了文化的传播。此外，数字人文对我国图书馆学文化的大众化传播具有重要意义，数字人文将平面的、直观的、晦涩的文化资源转换为生动立体、简单明了的人文数字资源，产生潜移默化的效应，让人们无形中接受人文精神的熏陶，这是改变传统教育的最佳传播途径，将文化传播与社会生活结合起来，为先进文化的传播提供技术支持、构建共享平台。数字人文赋能我国图书馆学文化建设，提升了文化理念的受众感，充分发挥了数字人文共享与传播模式的作用，对我国图书馆学文化建设成果转化具有强有力的推动作用。

第四，数据技术助力我国图书馆学讲好文化故事、传播文化声音。习近平总书记指出："讲故事，是国际传播的最佳方式。"❶"展形象，就是要推进国际传播能力建设，讲好中国故事、传播好中国声音，向世界展现真实、立体、全面的中国，提高国家文化软实力和中华文化影响力。"❷如何在国际社会中以"文以载道"的形式展现中国文化精神，是当前我国图书馆文化传播的历史使命。数字技术大幅提升了我国图书馆大数据决策支持能力，为社会民众提供了大量的多元化的、个性化的、可视化的文化精神产品。由此，数字技术与国家文化战略相结合，这是我国图书馆学追求的重要目标，也是我国图书馆学应用数字技术探索我国文化国际传播的新策略、新模式。依据数字人文助推中外文化交流，讲好文化故事、传播文化声音，这是我国图书馆学文化传播的一项重要任务。

总的来说，数字技术与文化资源的结合发展是我国图书馆学未来趋势，两者"联姻"是矛盾的统一体。由于我国图书馆学文化建设的现实需要，促进数字技术与文化资源走向交叉，应用数字技术助推我国图书馆学文化建设发展，我们应该在尊重人文历史、关注研究规律的基础上有步骤、有规律地将数字技术融入人文理念，促进数字技术与人文精神有机结合，借助数字人文技术促进我国图书馆

---

❶ 中共中央文献研究室.习近平关于社会文化建设摘编［M］.北京：中央文献出版社，2017：212.

❷ 鞠鹏.习近平在全国宣传思想工作会议上强调 举旗帜聚民心育新人兴文化展形象 更好完成新形势下宣传思想工作使命任务［N］.人民日报，2018-08-23（1）.

学文化建设发展，这也从根本上决定着数字技术与人文精神“联姻”是否成功，能否长久。

第二节　以国家文化数字化战略为基础推动我国智慧图书馆建设

2022年5月，中共中央办公厅、国务院办公厅颁布了《关于推进实施国家文化数字化战略的意见》，从国家战略高度对文化数字化发展的目标任务、方法路径、措施保障等进行部署和指导。全面实施国家文化数字化战略是深入进行社会主义文化强国建设的必然要求，也对我国图书馆提升数字文化资源供给能力和数字文化服务水平提出了更高的要求。近几年来，我国图书馆已经完成了数字化转型，形成了较为先进的数字文化设施设备、较为丰富的数字文化资源和较为完备的数字文化服务体系。在数字化文化战略的推动下，我国图书馆实施智慧图书馆建设，加快完善智慧图书馆体系架构，推进多元文化资源的融会贯通和集成共享，不断提高数据驱动的智慧化协同治理能力。

一、全面实施国家文化数字化战略是深入推动我国智慧图书馆建设的必然要求

随着我国现代化社会的发展，数字技术正以新理念、新模式融入我国社会文化建设中，给人民群众的文化生活带来了深刻的影响。在此背景下，加快数字图书馆建设、形成智慧图书馆体系结构是适应我国文化发展的历史定位、以信息化培育新功能、以新功能推进新发展的重要举措。

文化建设是中国特色社会主义“五位一体”总体布局的重要组成部分。文化数字化是我国社会主义先进文化时代发展的必然趋势，也是推进我国图书馆数字化建设的重要抓手。与党的十七届六中全会提出的建设社会主义文化强国的战略目标同步。国民经济与社会发展第十二个五年计划以来，我国围绕文化数字化建设，进行了一系列的安排部署。例如，2011年文化部、财政部共同颁发了《关

于进一步加强公共数字文化建设的指导意见》，部署实施了大数据文化惠民工程；2012年中共中央办公厅、国务院办公厅在《国家“十二五”时期文化改革发展规划纲要》中增设了“文化数字化建设工程”；2017年文化部发布《“十三五”时期公共数字文化建设规划》；2020年中宣部文化改革办公室印发《关于做好国家文化大数据体系建设工作的通知》；等等。直至《关于推进实施国家文化数字化战略的意见》的发布，推动文化数字化发展的政策措施，已逐步从重点工程项目突破上升为国家战略的全面部署，我国图书馆的智慧化建设随之从聚焦文化数字资源建设拓展到数字化基础设施建设、数字资源场景建设和数字化均衡发展谋划。

围绕社会主义文化强国建设目标，我国图书馆以文化建设的方式从文化资源数据化、数据传输平台化、创新创造智慧化等方面推动文化数字化的全面发展。制定图书馆大数据体系建设的长远规划，遵循“文化数字化为了人民群众，文化数字化成果由人民群众共享”的人本理念。智慧图书馆的建设对新时期提升文化数字化工作质量、挖掘文化资源发展潜力、扩大高质量文化资源供给具有战略意义。

二、我国图书馆数字化转型实践为推动国家文化数字化战略实施奠定了基础

20世纪90年代以来，我国先后组织了国家数字图书馆工程、全国文化信息共享工程项目，组织关键技术研发、软硬件技术平台建设、多媒体技术应用、标准规范制定等工作。各类各级图书馆纷纷响应，建立了一整套支撑数字资源管理的应用系统，形成了一个广泛覆盖、快捷传输的数字化服务体系，为社会民众提供数字资源服务，逐步将我国图书馆打造成文化资源共享基地和阅读学习数字化空间阵地。

目前，我国各类各级图书馆基本实现了服务空间无线网络全覆盖，越来越多的图书馆通过“两微一端”（微博、微信、新闻客户端）嵌入式移动服务平台，连接各级各类图书馆，覆盖多媒体、多终端，广泛惠及社会民众的数字图书馆服务网络基本健全。与此同时，各级图书馆应用数字技术全面挖掘文化资源，不断创新文化传播方式，开展阅读学习新体验。我国图书馆线上线下阅读学习空间不断扩展，在线、在场融合互动的数字文化服务场景日益丰富。

从整体上看，我国图书馆已经顺利完成了数字化转型，建成了现代化数字文化基础设施，完善了数字文化资源数据库，建立了完备的数字文化服务体系。同时，我国图书馆数字化基础设备设施建设还有待进一步加强，数字资源的传输和整合能力亟待提升。为此，我国图书馆学界学者已经认识到，数字化研究要创新发展，数字技术要迭代更新，数字化建设要持续完善，我国图书馆的数字化转型发展始终在路上。

三、推进我国图书馆智慧化工程建设，助力国家文化数字化战略实施

“加快数字化发展，建设数字中国”是我国“十四五”发展规划纲要中的重要部署，也是推动国家文化数字化战略实施的重要举措。《关于推进实施国家文化数字化战略的意见》的颁布，对推进智慧图书馆建设有着重要意义。当前的智慧图书馆建设要紧紧围绕国家文化数字化战略的目标要求，重点推进、全面实施。

一是根据《关于推进实施国家文化数字化战略的意见》中“加强文化数字化基础设施建设”的要求，进一步完善我国智慧图书馆的体系架构。我国图书馆要充分发挥大数据技术计算快速、共享、拓展、覆盖的优势，形成“云上智慧图书馆”，为数据信息存储、传播、共享提供基础支撑能力；以微服务架构为基础，运用灵活开放、易于维护、便于拓展的数字技术，建立智慧型图书馆管理系统，以此接纳图书馆各类业务的进入，并支持计算机检索终端、智慧服务空间、线上阅读活动空间的开放共享和智慧互联；搭建5G技术的交互网络，支持各级各类图书馆智慧互联，满足海量级数字资源和高保真信息传输需求，为我国图书馆拓展新的服务内容提供支撑。

二是根据《关于推进实施国家文化数字化战略的意见》中关于“关联形成中华文化数据库”“打造文化数据服务平台”的要求，促进多元文化资源数据的融会贯通和集成共享。一方面，突破收集传统文化资源的界限，将网络原生资源、开放获取资源、科研数据、个人创新资源纳入图书馆数字资源收集范围，与已有馆藏数字资源融合形成类型结构关系，打造成体现数字资源形态变化的、立体化

数字仓储管理体系，以便于图书馆实施集成管理和统一发布；另一方面，突破图书馆行业资源共享格局，创造多元化信息运行环境，支持公益性信息集成管理和多元供给，建立有利于信息传播的社会化合作机制，形成以图书馆为主体、社会民众广泛参与、企业和社会文化组织协调发展的智慧型信息服务大体系。

三是根据《关于推进实施国家文化数字化战略的意见》中关于“创新呈现方式，推动中华文化瑰宝活起来”的要求，加强对社会主义文化资源深度挖掘和增效开发。应用语义网、机器学习、自然语言处理等技术，完全可以对数字化资源进行智能标引、深度挖掘、语义组织，能够组织构建知识迭代发展的网络图谱，实现数字文化资源多维关联和可视化展示。联通文化专题数据库，利用信息识别、语义分析、关联组织等技术，提取文化元素、符号和标识，组织场景分享，实施多维阅读展示，产生互动体验的感觉。同时要支持社会经济主体运用社会主义文化元素进行IP创意开发，丰富我国社会主义文化基因的当代表达。

四是根据《关于推进实施国家文化数字化战略的意见》中关于“大力发展线上线下一体化、在线在场相结合的数字化文化体验”的要求，主动推进线上线下智慧服务空间建设。以虚拟空间、数字孪生、全息影像技术为支撑，智能化装配我国图书馆建筑空间、设备设施。发挥线上空间优势，结合线下实际场景，打造沉浸式自由阅读空间、交互式学习空间和创新实践活动空间。运用现代地图技术，采集各级各类图书馆及相关服务机构的数据资源、信息服务、设施设备等情况；应用可视化、区块链技术，形成信息服务网络的全方位覆盖，支持信息联动、人书交互、馆际互借，提高文化资源的传输率、到达率，不断满足社会民众对文化资源的需求，提升社会民众体验高尚文化的幸福感。

五是根据《关于推进实施国家文化数字化战略的意见》中关于“构建文化数字化治理体系”的要求，提升数字技术支持的智慧化协同治理能力。以“数据驱动、智慧赋能”为原则，全面采集文献资源数据、业务管理数据、读者服务数据、用户属性数据、系统运行数据，打造我国图书馆大数据管理分析平台。支持各个类型图书馆的信息流通和信息服务，在资源配置、服务布局、风险防控、协同合作等方面，科学决策、协调行动。

总之，建设智慧图书馆是我国文化数字化发展战略的重要组成部分。我国智慧图书馆体系建设是凝聚各级各类图书馆资源和专业优势，以新技术推动图书馆高质量发展的战略部署。国家文化数字化战略的广泛实施，为我国图书馆的数字化转型提供了新的发展机遇，这必将推动智慧图书馆建设乘风向前，快速发展。

第三节　数据要素对图书馆高质量发展影响的实证分析

社会发展需要数据的支撑。数据已经成为社会数字化、网络化、智能化发展的基础要素。当前，数据要素快速融入社会生产、流通、服务中，促进人们的生产方式、生活方式、社会治理方式发生了深刻变化。作为社会文化建设的重要组成部分，图书馆应该密切关注数据要素对信息服务工作的影响，建立组织机构发展与数据要素分析匹配机制，推动组织机构、运行模式、技术平台的创新改革，保持持续的竞争力和对外话语权。

一、数据要素的概念及特征

在现代经济学理论中，数据要素被描述为在商品生产和社会服务过程中资源投入和催生出来的新生产方式。随着现代信息技术的快速发展、数字基础设施不断完善，脑力劳动者逐渐成为社会生产的主要推动力量，并且在这一阶段，借助数字技术、数字经济带动数据演化成关键生产要素。为此，可以将“数据要素”定义为参与生产经营活动，以电子方式记录并为使用者和所有者带来收益的数据资源。

数据要素是数字经济发展的产物。数据要素与劳动、资本、市场等传统生产要素相比，具有不同的特征：①可再生性。由于数据要素广泛存在于社会经济活动中，因此数据要素具有再生功能。通过重复利用，不断扩大数据共享范围，可以增加数据要素价值。②非排他性。数据要素易于融入社会经济体中成为“公共品”，借助数字移动设备不断地进行复制，以满足多个主体的使用，并且不会相互干扰、排斥。③即时性。大数据、人工智能、区块链技术的应用，促使数据要素的获取成本急剧下降，同时加快了数据存储、传播的速度，数据要素能够被实时处理、分析，及时得以反馈。④渗透性。凭借即时性和可再生性，数据要素能够辐射到社会各行业，覆盖经济产业研发、生产、营销等各个环节。依托数字信息技术，数据要素能够实现跨时空传输，发挥强渗透功能，融合传统要素，提高资源配置效率，为社会经济发展注入新动力。

二、数据要素促进图书馆高质量发展的背景与现状

党的十九届四中全会提出“健全劳动、资本、土地、知识、技术、管理、数据等生产要素由市场评价贡献、按贡献决定报酬的机制”。党的十九届五中全会提出“建立数据资源产权、交易流通、跨境传输和安全保护等基础制度和标准规范，推动数字资源开发利用”“推进土地、劳动力、资本、技术、数据等要素市场化改革”。习近平总书记在主持会议时强调“统筹推进数据产权，流通交易、收益分配、安全治理，加快构建数据基础制度体系”。[1]从国家出台的系列战略部署及法规政策可知，国家对数据要素的建设高度重视，通过构建完善的法律法规和顶层制度体系，促进数据要素充分开发利用和高效交流互动。

近年来，数据技术的快速发展促进图书馆运用云计算、物联网、区块链技术进入了大数据时代。数据技术的运用促进图书馆信息化治理水平快速提高，而物联网的普及化及国家数据存储数量的海量增长，也加快了图书馆大数据发展的速度。在数据海量和高速运行的大环境下，图书馆学界已经意识到数据要素引发的根本性变革，并注意到图书馆要想在社会竞争中保持持久力，必须充分利用数据的价值，提升数据要素驱动程度。[2]早在21世纪初，Shapiro和Hal（2001）就运用网络运转效应理论，分析了数据要素对图书馆产业化发展的影响，认同数据要素对图书馆的信息化发展至关重要。但是由于当时的科学技术能力有限，数据要素的开发与整理成本较高，在全面收集数据要素的环节上受到限制，已经收集到

---

[1] 国家发展和改革委员会. 加快构建中国特色数据基础制度体系　促进全体人民共享数字经济发展红利［J］. 求是，2023（1）：40-45.

[2] COLLINS，VIRGINIA，JOEL LANZ. Managing data as an asset［J］. The CPA Journal，2019（2）：22-27.

的数据要素也没有发挥最大的作用。Brock等（2017）认为大多数图书馆能够在数据要素分析中获取关键性信息，这是一种价值创造行为，意义非凡，但是很多图书馆没有真正体现出数据要素推动业务革新的作用，一个图书馆只有厘清数据要素产生的获取机遇，才能领先发展。近几年来，大数据技术的快速发展，促进我国图书馆以数据采集、存储、传输、处理等方式革新更迭，进一步提升了数据要素服务于图书馆信息增效、增质的技术条件。2020年4月，国务院颁布了《关于构建更加完善的要素市场化配置体制机制的意见》，首次将数据列为新型生产要素，与土地、劳动力、资本、技术等生产要素并列，加快推进数据要素的信息化发展，明确了数据要素在社会生产中的重要作用。由此可见，从宏观层面研究数据要素如何收集与传输，以此发挥数据要素的作用，对推动图书馆高质量发展具有重要的理论价值和现实意义。

三、数据要素在图书馆学研究中的理论综述

现存文献理论关于图书馆运用数据要素的研究主要集中在数据要素为图书馆提供信息资源，支持图书馆形成科学的决策机制上。国外图书馆学界对此研究较早，Devens（1865）开创性地提出“商业情报”一词，说明信息资源在图书馆服务运行中的重要性，并且在研究过程中，数据要素被看成一种治理功能计算进入图书馆生产运行函数中。然而研究至21世纪初，数据要素的收集、存储、处理以及运行成本的降低才开始促使图书馆重视数据要素的价值，出现有效的信息传递现象，从而促进了图书馆管理方式的变化，提高了运行效率。Patrick等（2018）研究发现数据要素的功能主要表现在学习模型计算的准确性上，并且能够预判用户信息需求的未来走势。Patrick等（2018）的研究从数据要素的数量和信息资源传输的范围两个方面分析了图书馆数据价值的变化，当数据要素的数量增多、信息资源传输范围扩大时数据价值也会提高。研究还发现当数据要素的数量和信息资源的传输范围不变时，可以通过计算学习模型技术的提升来提高数据价值的程度。Lambrecht和Tucker（2017）也认同计算学习模型在技术领域的重要性，他们明确了数据要素在图书馆信息资源传送过程中是关键因素。McAfee等（2012）研究发现，在运行状况上，运用数据要素分析决策的图书馆

要优于运用传统经验进行决策的图书馆，并通过实证分析得出运用数据要素分析的占比高出传统的20个百分点。国内学者徐翔（2021）指出数据要素驱动技术已经使得图书馆从传统经验驱动决策模式转变为依赖数据分析的客观决策模式，数据要素驱动决策模式异军突起。唐要家等（2020）认为现代化的图书馆普遍存在运行模式趋于扩大的现象，业务活动的随机性给图书馆运行带来了高成本，图书馆在信息应用方面的决策失误会产生高额的效益损失，为此更多运用数据要素分析的图书馆才能产生更多的效益。

国内外一些学者对数据要素如何提高图书馆的运行效率进行了研究。一方面，数据要素分析提高了图书馆信息发布的透明度，增进了图书馆主体与信息用户之间的沟通、了解，优化了图书馆运行要素的良性循环配置。Bloom 等（2012）认为数据要素分析具有多要素整合效应，让图书馆人力、设备等一些传统因素形成更优组合投入运行，因此运用数据要素分析，可以促进图书馆人力或资本产出的提升，促进信息资源传输的高效率化。另一方面，数据要素分析促进了图书馆的业务创新，促进了图书馆信息资源传输效率的提高。数据要素分析具有强烈的正外部性，是一种通用目的技术，能够推动行业领域的技术创新和理念创新，进而推动生产方式的变革和高效率的经济增长。[1]数据要素分析能够显著提高图书馆知识发现的准确率，知识发现和知识创新本是图书馆现代化发展的基本功能，以数据要素为主的分析预测对图书馆知识发现与创新活动具有重要的作用。

还有一些图书馆学的学者认为数据要素分析可以提高图书馆的服务质量，让新信息产品或新服务成为可能。Farboodi 等（2019）认为图书馆要充分运用数据要素分析结果，深入了解用户群体的信息需求，这样可以有针对性地服务用户，提高信息产品质量，提高图书馆自身的效益。李树文（2021）基于实践调研，研究了数据要素分析对图书馆信息产品创新力的影响，发现数据要素分析能够促进信息产品应用性创新，从而使得知识获取能力对信息产品突破性创新影响最大。

[1] 胡东兰，夏杰长.数据作为核心要素的理论逻辑和政治框架［J］.西安交通大学学报（社会科学版），2022（11）：1–17.

综上所述，将数据要素的特征表现与我国图书馆发展机制结合起来进行研究应是一项重要课题。为此，在本书中需要进行以下重点研究：①分析研究数据要素不同于传统要素的特征。②基于我国图书馆存储数据状况，分析验证我国图书馆运用数据要素是否对高质量发展有明显影响。③以大数据技术为驱动，助推我国图书馆数据要素分析，形成信息资源发布与传输的创新性机制。图书馆行业在高质量发展中的差异性，也可能导致我国图书馆实证分析有所偏差，因此以大数据技术引领，实现独立技术的单独研究。从整体上看，大数据技术强调海量化、高速计算、快速处理，大数据技术中运用数据要素的图书馆逐渐增多，选择大数据技术进行图书馆实证研究也是较为合理的。

四、数据要素在图书馆学理论研究中的特征表现

在图书馆学理论研究中，数据要素并不是只简单地表现为数据元素特征，一般性数据以数字的形式进行结构化运算，形成符号、图片、视频等结构性数据集，要经过收集、整合、技术处理等步骤成为数据要素，才能直接参与图书馆信息传输活动。国家信息通信研究院统一确定了“数据要素”的概念，明确规定“数据要素是参与生产经营活动，以电子方式记录并为使用者和所有者带来收益的数据资源”。可以看出，数据要素与图书馆学传统要素相比，表现出更具建设性意义的特征，主要可以概括为以下几个方面：

（一）界限增量始终为正向

图书馆传统要素遵循界限数量递减规律，即等量信息以一种生产要素的形式投入数据传输中，在初始阶段，要素推动界限增量，但当信息量积累到一定程度时，边界产量开始递减，形成增量负值的传输效应。然而数据要素恰好相反，它遵循界限数量递增规律，在图书馆数据传输的过程中，始终呈现边界数量递增趋势，只有积累到一定数量时，才能判断发展趋势，精练有意义的信息。同时数据要素是无形的，不会出现因数量过多而引起停顿、混乱的现象，因而不会出现界限赋能为负的情况。DeFortuny等（2013）研究发现在数据要素量超过5亿的情况下，数据要素的界限数量呈现递增趋势，数据要素技术赋能力度随着数量的增

加而提升。因此，当数据要素积累到一定程度时，边界增量仍递增，并且始终为正向赋能。

（二）优化配置始终呈现随机性和融合性

图书馆实施传统要素分析时，需要经过充分的调试，经过一定时间后才能显现价值作用，即形成预判决策。而随着5G技术、云计算技术、大数据技术的发展，图书馆发布、传输数据的效率不断提升，这促进了数据要素投入图书馆数据管理系统后即时发挥作用，即产生新的、关键性的信息。数据要素分析的介入，不仅在图书馆信息资源传输过程中能够即时改变数据生产，而且生产出的数据即时反馈至传输过程，不断创新运行机制，提高运转效率。由此可以看出，数据要素可以与人力、资本、技术等要素融合，优化要素配置，提升要素执行力，实现图书馆业务工作的再提升。为此，数据要素与图书馆其他关键性要素的融合，增进了要素之间的优势互补，提高了图书馆业务工作的效率。

（三）分析运用始终存在非竞争性和可复制性

在社会分工结构中，当某组织或某人使用物质产品时，其他组织或个人无法同时使用该物质产品，这是竞争性行为的表现。竞争性是图书馆人力、设备、资本等传统要素发挥作用的重要特征，比如图书馆员或机器设备在为一个图书馆工作时无法再为另一个图书馆工作，这主要是因为图书馆的传统要素是有形的，无法复制的。而数据要素以无形的状态存在于虚拟环境中，可以随意复制且界限成本为最低，同一数据要素的反复使用不会增加运行成本，多个组织或多人共同使用也是可行的。因此，数据要素不会像人力、资本等传统要素那样引发图书馆运行的偏执或失灵，当然数据要素在被多个组织机构同时使用时，它的作用能力会减弱，图书馆可通过信息发布和信息传输提高用户的需求量，但是当信息要素被更多图书馆掌握时，图书馆所掌控的信息要素能力就会减弱。可见，数据要素的使用价值会随着信息用户的增多而出现降低的趋势，为此数据制造商会通过加密手段分隔图书馆信息用户的使用范围，这造成了数据要素的排他性。

五、数据要素促进图书馆信息业务发展的机制作用

数据要素的收集和传输逐步成为图书馆的核心业务，越来越多的图书馆将数据要素认定为一种资本价值形式。因此，分析研究数据要素通过怎样的途径促进图书馆信息业务发展，在机制作用上总结为以下三点：

（一）协助图书馆进行决策分析

数据要素以分析的形式协助图书馆做出预判决策。数据是政治、经济、文化活动的记录，对数据的分析研究可以协助图书馆制定出未来发展的预判决策，限制或减弱不确定因素带来的不良影响，促进图书馆业务工作的准确性提升，并在影响图书馆明智决策的基础上提升信息产出效益。首先，数据要素的数量增加促使图书馆快速提升收集信息的准确性。数据升级为要素产生的一个重大转变就是数据来源从原本的随机样本变为全体样本。[1]随着信息收集、整合、传输等技术的提高以及图书馆运行成本的降低，会逐步开辟出新的信息获取途径，并且图书馆可以从这些新的途径中获取更多数据资源。由于数据要素的界限增量始终为正向，数据要素的数据量增加促使图书馆在数据要素分析中获取更为准确的预判决策。其次，数据要素分析技术的进步促进了大数据技术赋能图书馆高质量发展的能力的提升。在数据分析技术、信息处理技术初始发展阶段，图书馆业务操作者只能结合工作经验做出预判，这是以管理者为操作基础的经验驱动型决策模式，这种模式不可能充分发挥数据执行力的作用。而现代图书馆的海量数据是由现代计算机技术来处理的，通过机器学习对数据要素进行分析，促进大数据技术赋能图书馆的高质量发展，这样图书馆所得到的是深度分析、深度加工的成果，也促进了图书馆的预判决策更加客观、准确。最后，信息流通、传播技术的快速发展促进图书馆利用数据、流通数据的效率提高，从而提升了数据要素分析的决策效益。在传统图书馆运行阶段，数据被条块分隔，分散在业务流程的各个环节，很难形成统一的信息运作模式，导致因数据无序使用，很多数据用于决策分析时已

---

[1] 李辉.大数据推动我国经济高质量发展的理论机理、实践基础与政策选择［J］.经济学家，2019（3）：52-59.

经失效。数据要素不仅可以被集中收集和处理，更重要的是在大数据技术的支撑下以清晰、即时即用的方式呈现给信息用户，从而提高决策的速度和一致性。

目前，很多图书馆在预判决策时利用数据要素获得了非常好的效益。一些图书馆运用大数据技术获得大量在线评论和网络传播策略，对数据要素进行分析可准确判断信息资源的需求。还有一些图书馆对用户信息需求做问卷调查，获取大量的数据信息并以此判断信息需求情况，促进图书馆制定更加准确的运营策略。

（二）提高图书馆信息发布和传输的效率

在图书馆需要决策时，信息要素能够提供分析数据，同时能够协助图书馆提高信息发布和传输的效率。首先，数据要素可以通过融合其他传统要素，提升传统要素的效率，实现图书馆运行效率的提升。数据要素要想成为现实生产要素，就必须与劳动、技术等传统生产要素相结合。[1]图书馆员在业务操作过程中利用数据要素提升信息预判决策能力，从而密切馆员与信息资源之间的关系并降低运行成本，进一步提升信息发布和传输效率。同时通过大数据技术的改造，图书馆机器设备更加智能化，从传统要素方面促进了图书馆运转效率的提升。数据要素的功能之一就是提供数据信息从而提高其他生产要素的协同性，进而提高生产效率。[2]其次，数据要素能够促进图书馆业务工作的创新，改变图书馆工作模式，运用新方法进行信息的发布和传输。数据要素不仅可以优化与其他要素的配置关系，还可以推动传统业务操作向数字化、智能化方向发展。图书馆运用大数据技术，实施数据要素分析，将信息数据转化为知识产品，并促进知识产品的创造创新。图书馆还能够利用数据要素深入分析、了解用户群体，为用户提供个性化服务，可以说数据要素就是一种促进图书馆运行效率提升的有效信息资源。另外，由于数据要素分析的即时性，分析要点可以融入图书馆常规业务流程，尤其是信息数据的传输过程，随时对运行情况实施数据分析，即时反馈分析结果，有助于图书馆配置各个要素以及持续改进运行方式，这会对信息发布和传输效率的提升

[1] 谢康，夏正豪，肖敬华.大数据成为现实生产要素的企业实现机制：产品创新视角［J］.中国工业经济，2020（5）：42-60.

[2] 蔡跃洲，马文君.数据要素对高质量发展影响与数据流通制约［J］.数量经济技术经济研究，2021（3）：64-83.

非常有帮助。

（三）拓展图书馆业务工作范围

运用数据要素，实施数据要素分析，使很多图书馆拓展了业务工作范围，增添了一些新业务。例如，图书馆在实施传统业务的基础上，开启了数据开发和数据销售业务，扮演着数据制造商的角色。图书馆不仅是信息资源的传输者，还是信息资源的制造者。图书馆在信息生产中产生新数据，这些数据的信息量以及洞悉力会为图书馆高质量发展做出价值贡献。同时，数据要素的非竞争性和可复制性使得图书馆尽可能地多生产新数据产品，获得更多的利润。使用大数据技术，掌握了分析用户偏好、需求意见等数据，这些数据对创造信息产品、提供高质量服务、提升人员素质具有重要参考意义。目前，有一些图书馆虽然不具备生产数据的条件，但是能够从大量数据源头收集数据，将这些数据标准格式化后，以定题服务的方式传递给信息用户，从而提升信息服务的效率。据有关研究证明，数据要素的发展使得相关行业之间的融合更加紧密，为不同行业合作、不同组织融合发展提供了机遇。例如，北京博睿数据公司在研发人工智能技术时，解决了图书馆在运行过程中缺乏品质控制手段问题，完善了数据控制功能，实现了数据要素分析，提升了图书馆数据产品质量，实现了不同行业的融合发展。

六、数据要素促进图书馆高质量发展的实证评价

（一）模型建构

以数据要素分析理论为基础，结合图书馆发布和传输数据影响因素与数据资产特征，对图书馆现有的指标系数进行优化调整，建立数据要素促进的高质量价值评估模型。

图书馆利用数据要素价值提升值T_a是数据创造价值r与数据存在价值d的函数。r由数据创造平台基础成本r_0、数据创造调节系数w_i和数据规则安全调节系数h组成；d由数据社会潜在价值k以及数据经济潜在价值m组成。图书馆利用数据要素价值提升值T_a见式（7.1）：

$$T_a=rmk \tag{7.1}$$

首先，数据创造价值r相当于传统要素中的质量表现：

$$r=r_0\times\prod_{i=1}^{n}w_i\times h \tag{7.2}$$

数据创造平台基础成本r_0是构建图书馆信息要素分析的基本投入，包括有形资产投入、无形资产投入和管理成本。①有形资产投入：包括数据采集设备、数据存储设备、机房等；②无形资产投入：包括数据分析的应用软件系统、人力成本、项目费用等；③管理成本：包括数据要素分析、数据资源服务的动力成本和人力成本。

数据创造调节系数w_i体现数据创造质量水平，由数据要素分析评价打分确定。我们以中国图书馆开放数据为依据，从数据要素数量、质量、规范程度、开放范围等方面打分，进行评价，确定数据创造调节系数。图书馆数据创造质量指标框架如图7.1所示。

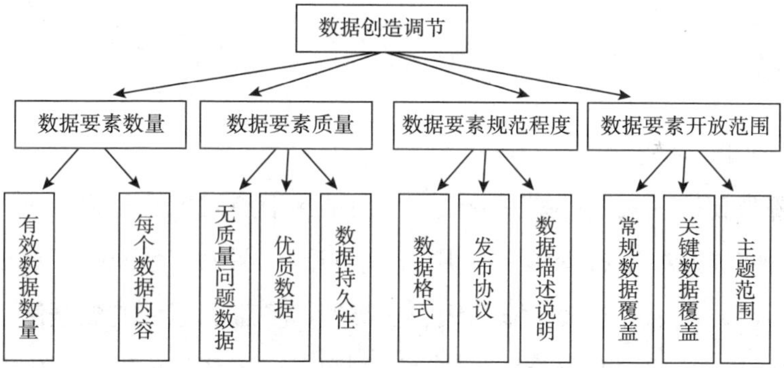

图7.1　图书馆数据创造质量指标框架

数据规则安全调节系数h反映了数据要素创造的风险程度，取值为0~1，通过对数据要素分析评价逐项打分，再加权平均得出最终结果。

其次，数据社会潜在价值k，对应于图书馆传统潜力公式中的厚度：

$$k=a^e \tag{7.3}$$

式中，k是幂函数计算出来的百分比指数，取值为0.5~1，用来量化图书馆数据要素的潜在社会价值；a表示图书馆数据要素分析的最高值，该值不是唯一的，根据数据要素分析的活跃程度而定；e代表效率指数。

式（7.3）表达了数据社会潜在价值与要素分析最高值之间的正向非线性关系。图书馆数据要素分析的覆盖性，促使数据开放的权值比较高。随着图书馆数据要素的完善和信息用户对数据要素认识的提高，图书馆数据增值符合边界数量递减规律，数值曲线整体呈现上凸形态。

最后，数据经济潜在价值m，对应于图书馆传统潜力公式中的加速度：

$$m=(1+m_i)^x \tag{7.4}$$

式中，数据经济潜在价值m为非恒定因素；m_i为数据经济收入增长率；x为数据要素分析中对图书馆数据环境评价所对应的指数，一般取值为1~5。

数据经济潜在价值作为图书馆数据要素分析的重要指标，与数据社会潜在价值具有较为明显的相关性，为此，把数据经济收入增长率作为度量数据经济潜在价值的重要依据。只有将数据要素充分应用到图书馆中，才能促进数据经济潜在价值呈现快速增长，同时，引入数据环境评价数值可以更好地反映数据经济的潜在价值。

（二）价值评价

1.评价过程

以山东省高校图书馆系统开放数据平台链接节点为评价对象，对图书馆利用数据要素价值提升模型进行详细说明。山东省高校图书馆系统已经建立并运行了开放数据平台。该平台聚集了多层级、多类型、多部门组织的数据信息资源，运用大数据技术进行数据要素分析，成为我国图书馆体系数据整体架构中的重要组成部分。我们结合图书馆利用数据要素价值提升模型，对山东省高校图书馆系统平台数据要素价值进行实证评价。

（1）前期设置。评价基准日为2022年12月31日。评价数据来源：山东省公共数据开放平台、山东省高等学校图书情报委员会财务报表、中国知网行业知识服务与知识管理平台、中国地方政府数据开放报告（省域2022年度）。

（2）评价对象。山东省高校图书馆系统开放数据平台所涉及的哲学、政治、经济、文化、历史、地理、艺术、自然科学等22个领域的应用场景。本书以山东省高校图书馆系统开放数据平台数据资产价值为例，平台所关涉的主要领域如

图7.2所示。

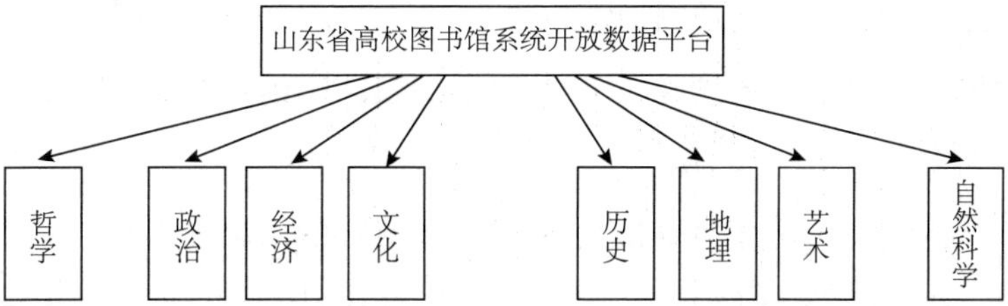

图7.2　山东省高校图书馆系统开放数据平台主要数据领域

（3）评价方法。运用已经建立的“数据要素促进的高质量价值评估模型”，即式（7.1）进行评价。

2.评价结果

以下内容是山东省高校图书馆系统开放数据平台信息资产价值计算，资产计算单位为万元。

（1）评价参数。

①数据创造价值r。收集山东省高等学校图书情报委员会财务报表、山东省公共数据开放平台相关财务数据，对山东省高校图书馆系统开放数据平台近几年主要支出结算情况进行汇总，相关资产财务数据如表7.1所示。

表7.1　2018—2022年山东省高校图书馆系统开放数据平台资产结算支出　单位：万元

项目场景	年份	结算金额
哲学、政治、经济、文化、历史、地理、艺术、自然科学等22个领域	2018	1187.80
	2019	1151.30
	2020	1239.50
	2021	1317.77
	2022	1391.60

根据表7.1中结算金额数据可以计算出2018—2022年山东省高校图书馆系统开放数据平台基础成本：

$$r_0=1187.8+1151.3+1239.5+1317.77+1391.6=6287.97\text{（万元）}$$

由于山东省高校图书馆系统开放数据平台涉及多个数据场景，某些场景的相关数据可能会有所交叉，所以本书选取与山东省高校图书馆系统开放数据平台相关的报表或合同数据作为参考，对其成本进行评价分析。

数据创造调节系数w_i是根据中国地方政府数据开放报告得出的，从数量、质量、规范程度、开放范围4个方面对山东省高校图书馆系统数据创造质量进行评价，计算结果为7.89。

数据规则安全调节系数h是由评议专家根据平台信息输送协议、数据格式优劣进行打分，加权平均后为0.81。由式（7.2）可以计算出山东省高校系统开放数据平台数据创造价值r为

$$r=6287.97\times7.89\times0.81\approx40185.79\text{（万元）}$$

②数据社会潜在价值k。高校图书馆系统开放数据下载量能够全面反映信息用户对数据开放水平和数据运用程度的认知，是图书馆数据社会潜在价值最具有代表性的指标。从2018年1月至评价基准日，山东省高校图书馆系统数据资源下载量为704379次。由于当前我国数据要素市场经营还不完善，数据要素的开发和利用处于初始阶段，确定效率指数为0.4，计算数据社会潜在价值结果为10.03。

③数据经济潜在价值m。m_i为山东省高校图书馆系统近5年数据经济增长率。“十三五”期间，山东省数字经济增速为30%，相关专家对山东省高校图书馆系统开放数据平台的数据完整性和数据场景多样性进行评价打分，得出相对应的数据环境评价指数x为5，进而计算数据经济潜在价值，得值为4.02。

（2）评价计算。

将上述各值代入图书馆利用数据要素价值提升值T_a，即式（7.1），可得

$$T_a=40185.79\times4.02\times10.03\approx1620315.16\text{（万元）}$$

经过计算，山东省高校图书馆系统利用数据要素提升价值的资产为1620315.16万元。由于山东省已经成功构建图书馆一体化数字资源共享体系，所以在高校图书馆数据价值评估中，除本身平台价值外，还有可能受到地市级图书馆开放数据平台价值的影响。有时也会出现一些特殊情况，例如图书馆系统开放数据平台建设中数据收集重叠，导致数据建设成本出现误差，有时也可能随着图书馆质量价值评估模型各参数的选取因评价主体不同而出现差异。

3.政策建议

鉴于以上评价结果，对数据要素促进图书馆高质量发展提出以下建议：

（1）关注数据要素的权益归属，加大知识产权保护力度。收集原始数据资源，其经加工、整合，才有可能成为有价值的数据要素。数据资源的加工、整合会使图书馆付出一定的物力、人力成本。然而图书馆数据要素具有可复制性和非竞争性，相关行业都有可能从中获利，这样数据要素的生产价值大幅降低。如果不对图书馆的数据要素赋予产权的保护，图书馆很有可能遭受巨大损失，影响图书馆数据要素驱动转型的积极性。因此，建议国家数据管理部门进一步明确数据要素的权益归属，严厉打击非法制造、传输、窃取数据资源的行为，保护数据要素知识产权，为图书馆生产、传输、利用数据要素提供良好的法治环境。

（2）统一标准，规范市场，建立科学有序的数据要素运行环境。图书馆数据要素的生产、开发与利用有着鲜明的市场化效应，并且图书馆生产数据要素形成文化产品参与市场交易也存在着自身的特点。在图书馆运行中，通过数据要素分析，可以引导图书馆制定决策，实施战略部署；通过提高数据要素生产效率来创造图书馆被利用的价值，并且由于图书馆的类型不同，数据要素影响其价值创造的程度也不同。因此，建议国家市场管理部门依据数据要素的功能表现、价值创造能力制定统一标准，规范市场，进行自由交易；规划建设数据要素交易平台，制定数据要素市场交易管理制度，以此保障图书馆数据要素自由传输和有序交易。

（3）重视数据要素生产质量，加大成本投入力度。数据要素分析是我国图书馆学文化建设所运用的研究方式和实施的技术手段。鉴于此，图书馆应重视数据要素生产质量，加大基础设施的投入力度，引进专业技术人才，促进数据要素在图书馆中的应用。以数据要素创新信息服务，强化数据搜集和数据分析能力，将数据要素引入图书馆创新活动中，促进创新活动的高质量开展。图书馆要关注数据要素促进质量提升的革新性作用，抓机遇、促生产，推进图书馆高质量发展。

第四节　数据治理下的图书馆与市场关系新变化及其优化路径研究

在我国社会治理现代化发展过程中，构建符合社会实际的图书馆信息供需关系，是充分发挥社会资源配置的决定性作用和图书馆资源协调作用的具体表现。努力促进社会作用和图书馆作用的有机统一，互补、互调，共同促进推动图书馆高质量、可持续发展。数字技术的提升，影响了数据要素分析对图书馆信息资源建设的战略决策部署，使以数据治理为手段的图书馆更加重视行业管理与市场之间的关系。然而在当前的图书馆与市场的关系中，数据治理怎样才能嵌入图书馆信息供需关系的治理中？图书馆实施数据治理如何促进图书馆与市场关系的新变化？基于此，本节以数据治理为手段分析新境遇中图书馆与市场的逻辑关系，探索未来发展路径，为社会治理过程中阐释图书馆信息供需关系提供参考与借鉴。

一、问题的提出

近年来，现代信息技术深度融合图书馆治理，图书馆信息交流呈现互联互补的特征，也由此出现了海量级的、碎片化的信息数据。这些数据逐渐显现了信息交易的价值。在现代数字技术的支撑下，图书馆有能力实施数据要素分析，以数据要素带动图书馆活跃要素发挥协同效应，促进信息输出量倍增，进而推动图书馆信息数字化转型。在图书馆与市场新型关系的确定下，数据治理进一步赋能图书馆与市场关系，促进图书馆信息供需关系更加优化。

（一）数据治理要素分析的重点：图书馆与市场关系的变迁

从我国图书馆整体发展态势角度来看，针对市场要素的开发和面向市场化的数据流通已经在图书馆运行中凸显。凭借网络市场的渗透和数字技术的高效运算，图书馆以数据要素分析为手段逐渐挖掘出数据的差异性并满足用户个性化需求，这实际为图书馆进行精准化参考咨询服务提供了必要条件。随着对数据要素更为深入的分析，数字信息平台、数据流通渠道、数据服务功能任务等信息主流趋势随之出现，它们与当前市场经济发展相结合，有针对性地进行数据交易和市场化运作。例如，2022年国家图书馆的“数字平台通网服务”共享了31.49亿条数据，跨空间交换了108亿条数据，为国家各类企业提供了广阔的存储空间和优质的数据治理服务。图书馆作为最大范围的数据信息的保管者，需要不断更新与新的数据境遇相适应的理念，不断创新与完善新制度，于是就出现了与图书馆职能转变相关的数据治理问题。从社会治理层面来看，图书馆数据治理以“放管服”原则为指导，以开放、包容的数据生态为导向，实施数据的开发、共享，以此落实图书馆和市场价值的双向赋能。

从图书馆学理论研究成果角度来看，建立图书馆与市场的科学关系是图书馆体制改革进一步深化的核心问题。实践证明，图书馆与市场关系的作用表现在社会信息需求引导的市场化改革与完善上。为此，在对图书馆与市场关系的选择上要依据活动领域和相关内容，发挥优势，构建有效的图书馆体系及与之相适应的市场体系。[1]随着数字技术的发展，大数据技术赋能图书馆高质量发展，建设和完善有为图书馆与有效市场的新型关系成为必然趋势。除在表现数据集合、推动系统升级和促进功能融合方面的优势之外，大数据技术在价值观创新上也是不同于传统图书馆技术的。一方面，数据使用是具有主体性的。为了保障数据治理能够被纳入图书馆数据利用和数据安全管理的职责范围，需要改变图书馆运行的组织形态。数字图书馆是本行业建设的重点，正是因为海量级数据的出现，使得数字图书馆建设成为可能。另一方面，数据治理需要市场的保障和检验，并通过策略规划、规范引导、监管监控等措施实施数据治理的全过程。由此，通过数据要素分析，图书馆与市场的关系不再呈现界限分明的图书馆失控或者市场失灵状态，而是呈现交叉互补的新型边界形态。

---

[1] 任勇.改革开放以来政府与市场关系研究主题的理论脉络［J］.山西师范大学（社会科学版），2020（5）：78-82.

（二）数据治理要素分析的关键：图书馆与市场关系的优化

从现代数字技术发展的态势角度来看，图书馆依托互联网治理平台，以数字信息流通推动数据治理实施。在图书馆数据化业务中，数据要素与物质资源、人力资源相结合，在数字技术的作用下数据要素分析新型方式与运行传统方式组合，赋予了图书馆信息流通、信息交易以及策略预判更强的活力。作为由数字技术支撑的图书馆信息积累和信息生产的新形式，网络数字平台已经成为数据治理的主体。以数据要素生产进行资源配置的数字图书馆，其网络治理平台趋向于收集多维数据，进行数字孪生转化，进而对用户进行数据画像。[1]同时图书馆运用网络数字平台实施个性化服务，以数据竞争扩展优势空间。制定数据画像和信息的个性化服务，基础是以数据要素分析方式对数据场景进行确认和处理，由此推动海量级数据集中收集和广泛应用，这也是图书馆网络数字平台发展的核心任务。与此同时，图书馆数字化建设要以数据决策为主要内容，网络数字平台将成为数字治理发展的样本，互联网技术与信息服务的协同能够自由调动图书馆网络数字平台的数据，为图书馆治理提供准确的决策依据。

在信息交流中，数据要素进入治理场域，以分析的方式实施数据治理，为此数据治理成为推动图书馆与市场关系革新发展的起点。从图书馆与市场实践关系来看，图书馆的数据治理必须以市场运行为前提条件，建设有为图书馆，市场是前提与保障。在图书馆公共服务中，数据高效流通可以畅通服务流程，降低服务成本。图书馆要致力于不间断地开拓数据治理空间，关注数据要素的使用与分析是否能够切实提高治理效率。因此，建设有为图书馆是数据治理的目的所在，明晰数据治理中图书馆与市场关系是为了赋能图书馆，有效促进形态转变、功能拓展、决策调整等。

二、数据治理赋能图书馆职能转变

图书馆作为数据治理的主体，发挥着重要作用。随着社会民众对信息资源需

---

[1] MASSANARI J，ADRIENNE L. Designing for imaginary friends：information architecture，personas and the politics of user-cen-tered design［J］. New Media & Society，2010，12（3）：401-416.

求的不断增长，服务型图书馆建设也要主动作为，适应新形势、完成新任务。面对海量的数据集群，图书馆必须不间断地提升信息服务效率，革新组织形态，适应信息服务新变化。于是，图书馆数据治理新形式顺势而出，如大数据管理中心、数字信息管理平台等。这些数据治理新形式要么源于原先的组织架构，要么建立独立的新机构，最大范围充实服务型图书馆的建设内容，并在图书馆信息组织、工具运用、业务流程等方面得以体现。

（一）数据治理促进图书馆组织形式变革

从社会组织形态角度来看，图书馆实施数据治理能够推动信息交流平台组织结构转型。平台连接着图书馆与市场，能够增强公共创新和治理的协同性，提高数字资源利用率。只有收集、处理、传输数据资源才能构建图书馆数据治理的数字化基础，以革新组织形式的方式对图书馆内在职能进行调配和优化，建立科学的平台化数据治理模式，以弥补职能分割产生的数据“孤岛”。通常的做法是，整合信息传输数据，构建图书馆“数据湖”，以网络数字平台为基础，提供数据支撑和数据存储的信息服务。3年来，我国公共图书馆利用网络数字平台实施“一网通办”，累计完成900万件受理诉求，仅2022年每日平均办结诉求1万余件，促进治理效能大大提高。而图书馆网络数字平台能够接纳不同范围的、不同类型的数据要素，具有多元支持性、处理复杂性功能，这是由于网络数字平台运用集合模式进行不断重新设计以达到独立调整的目的，促进原有的科层组织平台针对复杂性进行灵活操作和应急处理。另外，治理平台的转型也是图书馆组织形式变革的组成部分，平台开放性与主体多元性的融合激发了数据监管和数据共享的发生。在数字时代，图书馆实施数据治理为数据要素的应用提供了直通道，同时更加明确地要求对网络数字平台的组织结构、运行规则并行治理。在这个治理过程中，增加的不仅是新型的数据，也为新时代图书馆职能的延伸和创新提供了可能。

（二）数据治理促进图书馆管理工具升级

从运用管理工具角度来看，数据治理以促进图书馆职能转变的方式来驱动管理工具的升级换代。面对数据要素的分析与管理，图书馆运用的管理工具落定在市场化工具上。在大数据技术的支撑下，图书馆数据通过跨时空融合形成了新的治理工具，其数据功能成为管理工具，其促成因素是图书馆收集数据的规模优势。截至2022年12月底，我国图书馆总系统接纳信息用户4.6亿人，互联网普及率为89.4%，大规模的信息用户群体成为数据要素使用的稳定基础。数据要素的规模化发展保证了数据获取的价值优势，无论是保守的还是开放的，都会因此影响其对管理工具的选择。[1]与传统管理工具相比，数据要素具有管理工具的现代化特征：发挥图书馆与市场关系的支撑作用，介入图书馆治理决策全过程，深度介入取决于数据收集、协同的高质量、高水平。从数据协同状况来看，协同水平越高，职能转型越快、业务流程越简化、运行成本越低，也越有能力推动图书馆数据治理工具的创新发展。

（三）数据治理促进图书馆业务运作流程再造

从业务运作流程角度来看，数据治理嵌入图书馆职能范围之内，以此促进传统业务运作流程的改造。图书馆业务运作流程改造受控于现代数字技术，但取决于现代数据流转模式。传统治理技术条块分割，其组织结构存在许多不足之处，例如高昂的治理成本影响着图书馆内外之间交流合作。随着大数据技术赋能图书馆高质量发展，构建核心业务成为图书馆重要的治理内容。

在图书馆内部治理流程方面，数据驱动程序创新了图书馆职能方式。图书馆的数据治理改革通过协调职能关系，系统调整内在职权，实现服务的“一步到位”。这实质上是通过大数据技术实现由“人来跑”向“数据来跑”的转变，促进图书馆职能之间形成多元、便捷的协同。

在图书馆外部治理方面，以数据整合和数据响应为主要内容的时空跨界协同已经成为突破传统组织结构藩篱的冲击力，充分实现了信息资源共享。例如，图书馆创办的数据热线平台选择信息决策从社会的任何一个区域进行比较，协同判断和统一解决时空分布和发展态势中存在的问题，并能够及时开启决策预案来预

[1] 维托·坦茨.政府与市场：变革中的政府职能［M］. 王宇，译.北京：商务出版社，2014：231.

防风险的发生。图书馆以数据为核心实施治理管束，这是一种微改革行为，能够促进图书馆提升信息服务的智能化水平，通过再造业务运作流程，最大限度地提高图书馆治理效能。只要数据要素及相关治理进入图书馆职能领域，业务运作流程再造就会产生变化。利用数据治理的效率优势，在业务运作流程中推动组织结构和信息传输过程转型，建立起适合图书馆数字化发展和市场化资源配置的管理工具，为图书馆开展数据治理提供有效支撑。

三、数据治理推动图书馆与市场关系新变化

实施数据治理，凸显治理的重要性，促进图书馆职能的转变。掌握数据要素的本质，提升图书馆数据治理功能，促进图书馆数据治理的持续性发展。图书馆分别建立公共资源数据库、私有资源数据库，实施分类管理，这不仅规范地运用数字资源，还影响着图书馆与市场的关系。由此，分析图书馆与市场关系走向，需要厘清图书馆与市场关系的演变过程。从目前社会状况来看，图书馆与市场关系演变主要表现在规则变更、场景互动和界限淡化三方面。

（一）数据治理的市场化规则变更

数据由于具有公共性特征，在服务社会治理和促进信息资源开发上发挥着重要作用，为此图书馆将数据公开化，发挥社会共同效应，可以保障社会民众的数据知情权和信息使用权，不断推动图书馆信息透明化建设，促进图书馆与市场关系进入再开发、再飞跃状态，维护图书馆数据的有效利用。从整体角度来看，我国各类图书馆数据开放的范围并不一致，这是图书馆的类型和服务对象不同所决定的，导致网络数字平台收集数据接口不统一、重点领域的数据要素公开标准不一致。实际上，在出现无效数据时，应该对原始数据进行二次加工，去伪存真，开放供给的应是可直接读取的二次处理数据。当前，图书馆具有开发数据价值的优势条件和创造能力，国家《“十四五”数字经济发展规划》明确指出“完善数据要素市场，培育市场主体，构建治理体系，促进数据要素市场的流通”，大多数图书馆建立了公共数据平台，开展数据交易，特别是培育、支持数据商提升数据加工能力和水平。另外，我们也看到，数据要素的发展具有一定的局限性，为

了达到利益高峰，主导数据交易或者开展数据平台业务有可能转向数据“黑市”交易。这充分说明图书馆在制定数据开放规则、数据市场化利用规则方面存在事实上的短板，亟须在数据治理的市场化规则上实现变更。

（二）数据治理的市场场景互动

在传统治理中，科层化管理和封闭式体系是信息治理的主场景，然而大数据技术的赋能和现代化基础设施的完善极力促进图书馆构建数据治理机制，推动图书馆开展市场互动和合作。随着数据要素在市场领域应用的拓展，图书馆数据治理的市场场景由此形成，并推动图书馆治理的数字化转型。以数据要素推动数据治理，数字化操作简化了数据搜集、传输、存储和分析流程[1]，以数据要素的循环流动为手段促进图书馆职能转变和业务流程优化，这是图书馆组织结构趋向市场化的主流。然而图书馆实施数据要素分析并不代表着数据治理成为核心模式，实际上数据治理对市场场景和内容的确定同样重要。在数据治理过程中，图书馆是制定和执行数据治理规则的主体，而数据开放平台运行及数据交易由市场外包完成，这样能够引导图书馆数据产业和技术研发的开展。

在数据驱动市场化方面，图书馆除了具有数据收集、存储、分析能力外，还带动了数据要素的产业化，进而催生了数据要素的市场化转型。从实践经验来看，数据要素市场化有助于图书馆数字化转型，从而促进图书馆数字产业迭代发展。在数据驱动治理方面，图书馆社区网格综合治理中心承担着社会治理数字化转型的任务，图书馆负责数字设备维修和数字系统更新，而社会民众通过综合治理中心全程参与数据处理和需求回复。总的来说，数据治理以市场场景互动为主要内容，改变了图书馆独立运转的状态，逐渐趋向于市场化管理，同时图书馆所要求的数据要素化、精细化既印证了多元主体合作的重要性又推动了市场化治理场景互动的生动实践。

[1] 马修·赛尔加尼克.计算社会学：数字时代的社会研究［M］. 赵红梅，译.北京：中信出版社，2019：22.

（三）数据治理的界限淡化

边界区分是数据治理一个显著特征，然而数据治理中的图书馆与市场界限的淡化是两者关系的新变化。在现代社会的作用下，图书馆与市场关系实时变化，图书馆要求市场化管理是为了促进数字产品的有效供给并促成产品新变化。在这种状况下，数据要素推动市场交易能力大幅提升，图书馆与市场在数据要素产出与使用过程中构成了有机的辩证关系，也因此催生出数据治理中界限淡化的新变化。从图书馆职能变化来看，图书馆的主要任务是汇集数据资源、集中数据要素，然而在数据格式化、有效性上却无法消除差异。究其原因，主要是图书馆确定职能范围较为宽泛，导致数据治理边界被淡化，引起数据治理功能不稳定，这种职能界限清晰而内在功能界限淡化的数据治理促使边界更加模糊。从数据治理手段来看，数据治理是促进和满足社会民众信息需求的核心方法措施，由此，市场在图书馆数据治理中发挥作用，图书馆运用市场手段是一个被淡化的议题。大数据技术能够创新生产力，在大数据技术的支撑下，图书馆充分发挥数据治理功能，展现数据价值、促进服务供给。图书馆在数据治理中淡化职能界限，将数据资源外包给市场进行运作，一方面在数据价值共享上确定初次分配和二次分配的标准依据，另一方面在制度理性上不断淡化市场准入界限。

总之，数据要素在图书馆数据治理中越来越重要，它引发了图书馆与市场关系的新变化。在图书馆数据治理方面，新变化既可体现图书馆与市场之间的新型关系，也可成为重新规划市场发展的内容。由于数据成为治理的要素，图书馆与市场的互动应是发展数据要素的逻辑关系，以此实现图书馆与市场关系的效益优化，即以数据治理为突破口，实现有为图书馆和有效市场的构建。

四、数据治理推动图书馆与市场关系优化的路径

综上所述，图书馆与市场关系的建立和发展，既需要关注数据要素增长态势和运行规律，也要重视市场应用场景的拓展。大数据技术应用涉及图书馆数据治理的全过程，图书馆数据的社会性、经济性价值的挖掘需要大数据技术的支持。当数据成为图书馆与市场关系的因素之后，数据治理引导数据要素的市场化配置

并发挥作用，以此形成数据要素分析和开发进程的规范和保障。为此，提升图书馆与市场关系的优化程度，既需要推动市场场景新变化，也需要提升图书馆数字化建设水平。

（一）实施数据治理，实现市场规则的科学建构

依据图书馆数据要素产出状况和市场配置变化情况，重构图书馆与市场关系。数据开放提升了数据收集的效率，通过网络数据平台支持市场的应用发展，以此低成本进行图书馆数据的收集和应用，并且能够发挥图书馆在数据管理和信息服务中的作用。因此，图书馆发挥数据治理功能，市场规则重构必须以数据开放为前提，在数据治理和数据要素配置上发挥重要作用。

第一，图书馆需要确定公共数据开放的范围。在行政方面，制定数据开放和共享责任清单，建立数据有效流通的制度规范。实践已经证明，过于宽泛的制度规范不可能切实保障数据开放的落实，需要制定数据治理下的科学制度来明晰数据开放范围。实际上，图书馆组织数据开放可以在省级图书馆组织内制定明确的制度规范，整合数据类型，扩大数据开放范围，提供一个有序、完整的市场化场景，为解决信息传输困境、数据开放难题扫清障碍，进一步形成全国范围内的数据开放标准。第二，图书馆需要增加数据开放数量、提高质量。增加数据开放数量能够带动分散的数据处理走向整合，能够引发分散的信息决策趋向统一。由于存在公共数据涉及敏感信息的问题，可以在数据公开过程中依规依据进行开放。第三，图书馆需要定时、定量分析数据开放的原始情况。图书馆实施数据开放的目的是发挥社会功能以此实现公共价值，其中，图书馆是数据的供应者，而社会主体是数据的使用者。图书馆只有无限提供原始的数据资源，社会主体才能主动组织数据资源的开发与应用。然而，图书馆的类型会不同程度地影响数据的开放，为此需要将数据进行标签化处理，明确数据的原始情况和传输去向，这样既符合适用范围，又能提高数据开放的标准化水平。

（二）突出数据治理优势，引导图书馆与市场关系重组

构建有为图书馆和有效市场，引导图书馆与市场关系重构，需要维护和遵循

协同发展原则。图书馆要调节数据治理政策，与信息用户的需求相结合，调动信息用户的积极性。“规则者、图书馆内服务提供者和图书馆之外的信息需求者一道，共同构成延展的政策网络”，❶创造良好的数据治理生态环境。

首先，要进一步优化图书馆现代治理功能，以数据治理科学技术化为中心促进图书馆与市场关系重组。要从行政层面来调整治理职能，明晰确定数据治理边界，即确定数据收集、数据管理、数据开放的边界问题。我们还要根据数据要素的新业态，在国家法律和治理规则约束的范围内，界定对各类图书馆数据要素的分析程度，以此对各类图书馆数据治理的新职责予以明确。

其次，关注数据治理工具的适应性以及对市场规律的影响，以治理工具保障图书馆数据治理的有效性。传统行政手段存在着能力不足的情况，差异化治理工具对提升数据治理能力越来越重要了。另外，图书馆要关注和促进数据要素前景发展，建立统一的数据规范，提供标准的数据治理工具，形成良好的数据治理协同机制。具有差异性特征的数据治理新型工具不仅能够精确判断市场运行动向，还能寄寓于信息服务中实施监管功能，图书馆更需要“考虑信息管理策略，特别是在使用不同来源的数据方面”，❷实现信息服务全过程监管，以此为数据治理奠定协同基础，也从制度上促进数据治理的全方位覆盖。

最后，制定数据治理长远发展规划，引导图书馆与市场关系可持续发展。图书馆要规范市场运营，探讨公共数据领域的边界安全问题，建立安全发展规划以支持数据及其要素的分析研究和长久建设。加强数据治理的监督管理，保障数据收集、处理、开放及数据要素分析的安全运行，进一步促进图书馆与市场最新状态的边界重组，为数据治理的有效性和数据要素的市场化资源配置提供基础保障。

（三）拓展应用场景，赋能图书馆与市场关系新发展

图书馆实施数据治理，利用数据要素来表征价值包含两个条件，一是需要

---

❶ 罗伯特·鲍德温.牛津规制手册［M］. 宋华琳，译.上海：上海三联书店，2017：87.

❷ 弗朗西斯·鲍恩.信息化监理中的监管角色与职能：一个系统文献综述［J］. 国际行政科学评论，2020（2）：14.

通过数据价值的提升促进数据要素的准确匹配，二是实施数据开放的技术工具能够满足数据治理场景的需要。这两个前提条件包含着数据要素协同和数字技术协同，而在图书馆相对复杂的数据治理体系中，这两个前提条件所要达到的最终目的是促进图书馆与市场的协同。实际上，图书馆数据要素分析往往是对应用场景即时获得而来，也说明不断拓展应用场景是非常有必要的。在图书馆的现代化发展中，无论是满足信息用户的数据需求，还是建立数字技术创新的网络数字平台，都需要以协同为基础，促进数据信息流动，实现数据价值提高。在这种状况下，拓展应用场景显得越来越重要，强化对图书馆与市场关系的赋能，实现关系的新发展就显得非常有必要。具体来说，针对图书馆不断拓展的应用场景，实现图书馆与市场关系的有效赋能，可通过以下两方面措施予以推进。

第一，图书馆需要适应多种类型的应用场景以提升数据治理能力，解决因数据过于陈旧导致治理不准确的问题。目前，大数据技术赋能图书馆高质量发展已趋向常态化，图书馆数据治理所需要的技术嵌入、协同驱动、程序优化等关键环节均已实现。从内在组织结构变化来看，图书馆数字化转型提升了数据治理能力，进而为数据要素的应用提供了可能。可见，图书馆的数据治理不能局限于物理空间，而应有计划地拓展到虚拟空间。充分掌握虚拟空间数字化运行规律，以线上、线下的有机协同实现图书馆数据的有效共治。

第二，图书馆需要针对多变的应用场景，借助市场化数字资源配置优势，形成图书馆与市场的新型关系并赋能数据治理。目前，图书馆进行市场化运营，在技术研发和资源配置方面占据优势，区块链、人工智能等数字技术也助推图书馆信息资本运营的市场化发展。因此，图书馆要借助市场优势，实现数字技术发展红利，以数据开放、政策扶持、市场应用推动信息市场的发展，从而最大限度地激发市场活力，推动数据要素市场的蓬勃发展，这也是图书馆正在进行的数据治理最为重要的前提之一。

目前，数据治理已经成为图书馆发展数字经济和推动数字社会发展的动力来源，数据治理在建立图书馆与市场新型关系中发挥着重要作用，未来必将展现图书馆数据治理与市场数字资源配置的最新方向。以图书馆治理体系现代化发展为目标，探索数据治理中的热点问题，解决难点问题，推动图书馆向新领域发展。

因此，图书馆实施数据治理，不断驱动信息供需关系发生变化，数据开放范围更加广泛，数据安全更有保障，在关注图书馆与市场关系新变化上因地制宜地优化数据治理策略。现代数字技术的迭代发展，将会促进图书馆数据治理能力进一步提升，在实施有为图书馆的部署中推动图书馆信息服务的融合。在这种背景下，图书馆实施数据治理必将推动图书馆与市场关系持续发生新变化，未来也将会有更大、更深入的研究空间。

参考文献

[1]龚维斌.生态文明与生态文化建设[M].北京：国家行政学院出版社，2023.

[2]任占娟.高校校园文化建设与文化自信培育研究[M].北京：北京工业大学出版社，2022.

[3]刘英.创意旅游：文化建设与旅游产业的融合[M].沈阳：辽宁大学出版社，2022.

[4]李素洁，雷芳.学校文化建设自我评估与发展规划[M].南京：中南大学出版社，2022.

[5]杨敏.图书馆文化建设研究[M].郑州：郑州大学出版社，2022.

[6]柳诒徵.中国文化史[M].贵阳：贵州大学出版社，2022.

[7]熊先杰，王旭，段海燕.高校图书馆文化建设研究[M].长春：吉林人民出版社，2022.

[8]陈闯.中国特色社会主义文化建设理论发展及创新研究[M].沈阳：沈阳出版社，2022.

[9]欧阳雪梅，刘仓.中国特色社会主义文化制度建设[M].石家庄：河北人民出版社，2022.

[10]王成林.文化的力量[M].北京：新华出版社，2010.

[11]王浦劬.国家治理现代化制度与文化[M].北京：人民出版社，2023.

[12]尹曦雯.文化·价值·现代化：舍勒哲学思想研究[M].北京：中国社会科学出版社，2022.

[13]王丽丽，张慧.制度文化视角下传统道德的现代转型研究[M].北京：北京工业大学出版社，2018.

[14]肖贵清.道路·理论·制度·文化：中国特色社会主义论[M].北京：人民出版社，2018.

[15]方绍伟.持续执政的逻辑：从制度文化发现中国历史[M].北京：中国发展出版社，2016.

[16]罗云川．公共数字文化资源共建共享模式研究［M］．北京：中国旅游出版社，2022.

[17]刘敏．公共文化服务：从均等化到品质共享［M］．北京：中国经济出版社，2019.

[18]汪海鹰．文化基因与精神血脉的现代作用［M］．北京：国家行政学院出版社，2016.

[19]傅建祥．创新思维与文旅融合研究［M］．杭州：浙江人民美术出版社，2021.

[20]吕俊平．文旅融合背景下公共图书馆创新服务研究［M］．长春：吉林人民出版社，2023.

[21]王凯军．数据要素的产权分析与治理机制［M］．北京：经济管理出版社，2022.

[22]梅宏．数据治理之论［M］．北京：中国人民大学出版社，2020.

[23]张绍华．大数据治理与服务［M］．上海：上海科学技术出版社，2016.

[24]陈雪樵．数字图书馆与文化共享工程［M］．北京：中国环境科学出版社，2008.

[25]田捷．数字图书馆技术与应用［M］．北京：科学出版社，2002.

[26]姜淑华．智慧图书馆管理与创新服务研究［M］．长春：吉林出版集团股份有限公司，2022.

[27]刘勇．智慧图书馆知识服务创新研究［M］．郑州：郑州大学出版社，2021.

[28]张晓洲，胡至洵．新时代背景下高校图书馆文化建设研究［J］．高教学刊，2022，8（5）：65-68.

[29]卢成观，代金平．中国共产党百年党内政治文化建设的基本经验［J］．理论月刊，2022（2）：21-31.

[30]刘小燕，李斌雄．新时代文化建设的原创性思想、变革性实践和突破性进展［J］．长江大学学报（社会科学版），2022，45（1）：121-124.

[31]黄运红，朱婧雅，于静，等．基于文化符号体系的“激发—推动型”双主体互动模式探究：以传统文化阅读推广为案例［J］．大学图书馆学报，2023，41（2）：87-94.

[32]殷冀飞．公共图书馆文旅融合：理论内涵、时代价值与发展路径［J］．河南图书馆学刊，2023，43（2）：9-11.

[33]陈传夫，陈一．新时代图书馆发展的中国实践及其理论贡献［J］．中国图书馆学报，2023，49（1）：4-21.

[34]李泽华．新时代公共图书馆文旅融合之内涵、架构及趋向：基于价值共创的视角［J］．西南民族大学学报（人文社会科学版），2023，44（1）：37-45.

[35]靳国艳．基于知识图谱的我国图书馆文创研究可视化分析[J]．图书馆工作与研究，2022（12）：86-93.

[36]邵璐．本体与元数据融合驱动的数字文化资源语义组织研究[J]．图书馆学界，2022（6）：12-16.

[37]陈建．以中国式现代化推进公共文化服务治理的基础与路径[J]．图书馆论坛，2023，43（1）：30-39.

[38]李培挺．实证管理哲学的典型聚焦：基于“管理自觉－管理规范化”的本土管理制度建设主观之维研究[J]．管理学刊，2022，35（5）：123-135.

[39]黄小军，崔冠军．国家治理现代化中制度建设的出场逻辑、可行路径及其现实旨趣[J]．理论导刊，2021（1）：58-65.

[40]郑玉函．从共生到共享：中华民族共同体意识的文化理路探析[J]．思想战线，2023，49（1）：105-114.

[41]苗瑞丹，闫旭杰．新发展阶段推进文化共享的逻辑理路[J]．马克思主义理论教学与研究，2021（4）：37-44.

[42]邱仁富．以社会主义核心价值观引领文化建设[J]．马克思主义理论学科研究，2023，56（3）：113-119.

[43]夏锋．社会主义核心价值观引领人民精神生活共同富裕的意义、机制与路径探赜[J]．山东师范大学学报（社会科学版），2022，67（4）：14-24.

[44]王涛，郑建明．公共数字文化治理能力现代化评价体系的探究与构建[J]．图书馆理论与实践，2022（6）：24-30.

[45]景小勇．国家文化治理体系的构成、特征及研究视角[J]．中国行政管理，2015（12）：51-56.

[46]胡惠林．论国家文化治理能力优势建设[J]．中国高校社会科学，2020（2）：19-33.

[47]郑自立．文旅融合促进共同富裕的作用机理与政策优化研究[J]．关系社会科学，2022（9）：121-128.

[48]刘莹莹，李桂华．文旅融合背景下公共图书馆服务创新路径研究[J]．图书情报工作，2022，66（8）：84-91.

[49]查先进，张坤，严亚兰. 数字图书馆智能信息推荐服务满意度影响机理的扎根研究[J]. 情报学报，2022，41（1）：83-95.

[50]李颖，孔泳欣. 基于信息生态链的数字图书馆知识服务能力模型构建与解析研究[J]. 图书馆学研究，2021（9）：70-76.

[51]于兴尚，刘月，谭洪，等. 数智驱动下智慧图书馆的场景应用与模型体系建构[J]. 图书与情报，2023（2）：95-102.

[52]李珍. 道器之辩：智慧图书馆建设与发展的重要命题[J]. 阜阳师范大学学报（社会科学版），2023（2）：152-156.

后记

对本书的构思最早可追溯到2021年，当时笔者正在阅读《后现代化与别现代化：图书馆学理论发展方向与建设研究》一书，对书中阐述的后现代化、别现代化文化问题颇有感触，于是产生了对我国图书馆学文化体系、文化精神进行研究的兴趣。此后通过分析研究和查阅资料，笔者萌生了将我国图书馆学文化体系和文化精神结合进行研究的想法，并就意识形态领域我国图书馆的发展进行了不成熟的概括。2022年3月，全国图书馆学基础理论研讨会召开期间，笔者通过对我国图书馆学文化传播问题的研究，对我国图书馆学文化体系和文化精神的理解更进一层，从而发表了一些与文化传播相关的文章。2022年暑假期间，笔者对之前的思路进行了梳理，开始对现代主义文化思潮进行系统的研究，并努力将其与图书馆运动相结合，从而更为深刻地理解了我国图书馆学在文化建构与发展中的内涵。在此基础上，笔者着手整理自己在整个研究中的思路。自2022年5月起，笔者结合前人的研究成果，对自己研究的笔记和手稿进行分析、整理，历时一年将本书撰写完成。

本书从最初的思想萌芽到完稿，前后历时近3年，其中经过了8次修改。在此非常感谢在撰写本书的过程中给予笔者思想上启发的老师、同事和朋友。感谢中国经济出版社，正是他们不辞劳苦地工作为本书的顺利出版提供了大力支持。感谢德州学院为本书出版提供了大力支持。

马占民　董菲菲

2023年5月于德州学院